Charles Pépin, agrégé de philosophie, est notamment l'auteur de *Les Vertus de l'échec*, *La Confiance en soi*, *La Rencontre*, *Vivre avec son passé, une philosophie pour aller de l'avant* (Allary Éditions) et, avec l'illustrateur Jul, des bandes dessinées *La Planète des sages* et *50 nuances de Grecs* (Dargaud). Il présente sur France Inter l'émission « Sous le soleil de Platon » et propose chaque semaine sur Spotify le podcast « Une philosophie pratique ».

Retrouvez toute l'actualité de l'auteur sur :
www.charlespepin.fr

@pepcharles

LA RENCONTRE

ÉGALEMENT CHEZ POCKET

LES VERTUS DE L'ÉCHEC

LA CONFIANCE EN SOI,
UNE PHILOSOPHIE

LA RENCONTRE,
UNE PHILOSOPHIE

CHARLES PÉPIN

LA RENCONTRE

Une philosophie

ALLARY ÉDITIONS

ISBN : 978-2-266-31829-7
Dépôt légal : février 2023

À Émilie

Introduction

Les amoureux mesurent parfois leur chance en se repassant, avec émotion et une pointe d'effroi, le film de leur rencontre. Il aurait suffi d'un rien, un autre horaire de train, une place différente dans le wagon… et jamais peut-être leurs trajectoires ne se seraient croisées.

Pourtant, un regard un peu attentif nous révèle bientôt que leur rencontre ne tient pas seulement à un heureux hasard. Ces deux places côte à côte n'ont offert qu'une opportunité ; elle a osé engager la conversation, il a su accueillir l'inattendu, une femme qui n'était *a priori* pas son genre. Deux étrangers se sont ouverts à l'échange, et la rencontre a eu lieu.

Cet homme et cette femme embarqués dans ce TGV filant à 300 km/h auraient aussi bien pu ne jamais se trouver, deux trajectoires parallèles, lancés à pleine vitesse ; elle est une cadre à la carrière rectiligne, lui un ostéopathe avec une belle clientèle. Il aura suffi de la conjonction de quelques éléments déclencheurs pour les faire dévier et que la magie opère. Peut-être a-t-elle perçu sa fébrilité ? Avant de monter dans le train, il a reçu un appel du psychiatre qui suit son fils, et il n'a pas cherché à dissimuler son anxiété quand sa voisine l'a interrogé. Il a tombé le masque. En retour, elle s'est livrée davantage auprès de cet inconnu qu'elle ne s'en serait crue capable. Ils ont parlé sans faux-semblant, sans jouer leur rôle.

Cette rencontre qui semblait l'œuvre du hasard a donc été rendue possible par leurs attitudes. Il en va de même des rencontres amicales ou professionnelles : le hasard n'est que le point de départ, ce n'est pas lui qui préside à nos destinées ; il se provoque. J'ai écrit ce livre pour montrer que l'on peut faire du hasard son allié, que l'on peut se préparer à accueillir l'imprévu. Dans un train ou au supermarché, en soirée ou au bureau, sur un site de rencontre ou dans un jardin public.

Mais cela suppose d'avoir une vision claire de la mécanique et de la puissance de la rencontre, de comprendre ce qu'est l'action, la disponibilité, la vulnérabilité.

Pour cela, nous interrogerons les penseurs du XXe siècle qui, dans le sillage de Hegel, ont étudié le rapport à l'autre, les liens fondamentaux qui peuvent se tisser entre deux êtres. Sigmund Freud, Martin Buber, Emmanuel Levinas, Jean-Paul Sartre, Simone Weil, Alain Badiou vont nous aider à dessiner les contours d'une philosophie de la rencontre. Et les romanciers, dramaturges, peintres, cinéastes, qui ont mis en scène de belles rencontres – Marivaux dans *Le Jeu de l'amour et du hasard*, Louis Aragon dans

Aurélien ou Albert Cohen dans *Belle du Seigneur*, Clint Eastwood dans *Sur la route de Madison* ou Abdelatif Kechiche dans *La Vie d'Adèle*... –, donneront corps à cette pensée.

Nous apporterons aussi l'éclairage particulier des œuvres qui sont elles-mêmes le fruit d'une rencontre décisive et nous rappellent que même les plus grands génies sont tributaires d'autrui. Sait-on que Picasso n'aurait pas peint *Guernica* sans son coup de foudre amical avec Éluard ? Ce que *L'Homme révolté* de Camus doit à la passion de l'écrivain pour la comédienne Maria Casarès ? À quel point Voltaire et Émilie du Châtelet se sont nourris mutuellement pour écrire *Candide* et le *Discours sur le bonheur* ? Que la chanson « Perfect Day » n'aurait pas vu le jour sans un dîner à New York entre David Bowie et Lou Reed ?

Quand on prend la mesure de l'importance des rencontres, on porte un autre regard sur les œuvres qui nous nourrissent, sur notre vie même. Nous sommes dépendants des autres. La rencontre n'est pas un agrément, une alternative accessoire, elle nous est essentielle, elle modèle notre personnalité ; elle est au cœur de l'aventure de notre existence. Comme nous le verrons, elle n'a pas simplement le pouvoir de nous faire découvrir l'amour, l'amitié ou de nous conduire au succès, elle nous révèle à nous-mêmes et nous ouvre au monde. C'est là sa force et son mystère : j'ai besoin de l'autre, de rencontrer l'autre pour me rencontrer. Il me faut rencontrer ce qui n'est pas moi pour devenir moi.

PREMIÈRE PARTIE

Les signes de la rencontre

1

Je suis troublé

Quand se fissure ma carapace

Rencontrer quelqu'un, c'est être bousculé, troublé. Quelque chose se produit, que nous n'avons pas choisi, qui nous prend par surprise : c'est le choc de la rencontre. Le mot « rencontre » vient du vieux français « encontre » qui exprime « le fait de heurter quelqu'un sur son chemin ». Il renvoie donc à un choc avec l'altérité : deux êtres entrent en contact, se heurtent, et voient leurs trajectoires modifiées. Une singularité peut très bien en croiser une autre sans être troublée : c'est alors la preuve qu'il n'y a pas rencontre, mais simplement croisement. Rien de plus étonnant en effet, de plus dérangeant parfois, de plus difficile à saisir que la différence de l'autre. Comment pourrais-je ne pas être ébranlé de te rencontrer, toi qui m'échappes précisément parce que tu es autre, parce que tu as une autre histoire, une autre façon de voir le monde et de sentir les choses ? Si je reste de marbre, c'est que je t'ai à peine aperçu, ou que je n'ai vu en toi qu'un miroir me réfléchissant.

Ce trouble vient souvent d'un choc visuel : lorsque Anna Karénine aperçoit le prince Vronski dans une gare, elle ne sait encore rien de lui, mais son trouble est immédiat, déjà il se détache de la foule. Qu'est-ce qui la touche ainsi ? Est-ce l'apparition de l'autre, dont elle devine la force, la singularité ? Est-ce de sentir en elle ce mouvement, cet élan auquel rien ne l'avait préparée ? Ce trouble peut convoquer plusieurs sens en même temps : il nous semble parfois que nous ne connaissions pas un être avant de découvrir, émerveillés, la folle douceur de sa peau et de le sentir réagir à nos caresses, à nos baisers, à nos mots. Dans le trouble amoureux, certains signes ne trompent pas, qui indiquent combien ce mouvement nous prend au dépourvu : accélération du rythme cardiaque, parole hésitante, bouche sèche, transpiration, mutisme... Devant cette puissance d'accélération de la vie, notre corps réagit comme si, incapable de prendre le rythme, il avait besoin d'un temps d'adaptation. Parfois, c'est d'abord le timbre d'une voix qui nous touche, éveille notre curiosité, réveille en nous des souvenirs enfouis, une voix du passé, de notre enfance, nous *appelle*. En entendant pour la première fois la voix de Pierre Soulages au téléphone, sans même l'avoir rencontré en chair et en os, Christian Bobin raconte avoir eu la certitude de le rencontrer. Il rapporte ce moment dans le livre consacré à leur amitié, *Pierre* : « un amusement [...] traverse [sa voix], un étonnement que Soulages a de vous et de lui ». Cet ébranlement peut aussi être d'ordre plus intellectuel : ainsi Picasso, que la politique avait toujours laissé indifférent, croisait Éluard depuis des années, quand, un jour de 1934, ce dernier lui parle de son engagement pacifiste. Picasso s'ouvre alors à une vision politique du monde. À cet instant précis, il rencontre enfin le poète. Et puis parfois, c'est en plein cœur que l'autre nous touche, à l'image d'un des tandems les plus mythiques du rock indé de la seconde moitié des seventies : la rencontre de David Bowie et Iggy Pop ne s'est pas faite sur fond de communion musicale ; Bowie a avant tout été sensible à la détresse de junkie et à la solitude de l'Iguane.

Quelque forme que prenne ce trouble, qui va de la simple sensation au vertige, il dit combien la vie peut nous surprendre : il faut maintenant se rendre à l'évidence, nous ne maîtrisons pas tout. Deux singularités, par-delà deux mondes, viennent de se frotter l'une à l'autre. Nous ne savons pas encore ce qui en résultera (la créativité de Picasso en sera relancée, Anna Karénine finira par en mourir…), mais le fait est : cela a eu lieu. Si par hasard nous nourrissions l'illusion d'être des monades autosuffisantes, indépendantes, tranquillement installées dans leur identité et leurs habitudes, nous voilà subitement réveillés. Notre confort est troublé. Nous sentons que nous aspirons à autre chose, ce qui est à la fois grisant et inquiétant. Notre trouble nous porte à la fois vers l'autre qui nous étonne et vers cette partie de nous-même qui nous échappe. Picasso rencontrant Éluard est autant surpris par l'idéalisme du poète que par l'écho qu'il trouve en lui. Dans le trouble sensuel, étendus dans les draps défaits, nous sommes surpris autant par l'autre, par sa beauté, son désir, que par ce que nous sentons monter en nous, qui parfois nous étonne. Au fond, c'est comme s'il y avait deux rencontres simultanées : celle de l'altérité de l'autre, celle de l'altérité en nous. « Je est un autre », écrit Rimbaud dans une lettre à Paul Demeny, en 1871. Il faut parfois rencontrer l'autre pour le comprendre, l'éprouver enfin. Rencontrer l'autre en l'autre pour découvrir qu'il y a un autre en soi et réaliser que cet autre en soi est peut-être plus soi que celui que nous croyions être. Comme nous sommes loin de l'hypocrite « j'ai été ravi de vous rencontrer » que nous lâchons parfois pour écourter un rendez-vous, d'autant plus ennuyeux qu'il ne nous a en rien troublé.

Clint Eastwood met en scène la naissance et la force de ce trouble dans son adaptation cinématographique du roman de Robert James Waller : *Sur la route de Madison*. Meryl Streep y incarne une femme au foyer originaire du sud de l'Italie, installée depuis des décennies dans l'Iowa avec son mari et ses deux enfants désormais adolescents. Seule dans sa ferme pendant quatre jours, son mari et ses enfants participant à un concours bovin, Francesca fait la rencontre de Robert, un photographe du *National Geographic*, de passage pour un reportage sur les ponts de l'Iowa – des ponts « couverts », constructions de bois peint typiques de la région. Ensemble, ils vont vivre une passion qui changera son existence. À l'issue de ses quatre jours – parenthèse folle où semble se condenser une vie entière –, et après une déchirante hésitation, Francesca décidera de ne pas quitter son foyer et laissera Robert partir seul. Mais ce qu'ils ont partagé l'accompagnera pour toujours, la nourrira chaque jour de cette vie à la ferme constituée d'une somme de « détails », un quotidien de ménagère portant à son mari affection et respect, loin de l'amour intense pour Robert qu'elle chérira comme un trésor – une aventure digne des rêves de jeunesse qu'elle a laissés derrière elle en s'installant dans l'Iowa. Dans son testament, elle demandera que ses cendres soient dispersées là même où l'ont été celles de Robert, depuis le pont à l'origine de leur rencontre.

Au cœur de ces quatre jours passés à parler et à rire, à se promener et à boire des bières, à prendre des bains et à faire l'amour, l'essence de la rencontre se révèle dans une remarque de Francesca évoquant le trouble qui la saisit : « Je ne me reconnais plus, j'ai l'impression de ne plus être moi-même… et en même temps, je n'ai jamais été autant moi-même qu'aujourd'hui. » Le trouble est ici pur vertige. Ce qu'elle fait ne lui ressemble – *a priori* – pas. Elle ne souhaite aucunement trahir un mari à qui elle n'a rien à reprocher, mais à côté duquel elle s'éteint, s'absentant peu à peu d'elle-même, s'étiolant dans la répétition des tâches quotidiennes. La rencontre avec Robert est bien plus intense ; elle ne peut résister à la vague qui la submerge subitement : sa jeunesse italienne, son humour, sa féminité, la puissance même de la vie en elle. Tout ce qu'elle avait oublié d'elle-même, que le poids des jours et de cette « vie de détails » avait recouvert, et qui est soudain revenu, plus fort que jamais, parce qu'elle a *rencontré quelqu'un*, parce que les yeux de cet homme se posent sur elle et l'embrasent. Ce photographe égaré lui a demandé son chemin, et voilà qu'elle retrouve le sien. Certes, elle renoncera à tout quitter pour lui, à partir loin de ses enfants, à infliger à son mari une humiliation dont il ne se relèverait pas. Ils habitent une ferme qui appartient à la famille de son époux depuis plus de cent ans, au cœur d'une campagne où tout se sait, dans une contrée de puritains où le moindre adultère crée des décennies de commérages et d'ostracisme. Ne la jugeons donc pas pour avoir tourné le dos à un amour dont Robert lui dit :

« Tu crois que cela arrive à beaucoup de monde, ce qui nous arrive ? » Comme le film nous invite à le comprendre, elle lui reste au fond fidèle et cette rencontre se poursuit au travers de son amour persistant, de cette dimension d'elle-même qu'elle a découverte. Un tel amour lui semblait impossible, et paradoxalement c'est celui-là même qui lui a permis, ainsi nourrie de sa nouvelle vie intérieure, de demeurer l'épouse de ce mari honnête à qui manque l'essentiel. Grâce à la rencontre de Robert, au cœur même du trouble de la rencontre, elle s'est découverte autre et c'est cette autre devenue véritablement elle-même qui l'accompagnera jusqu'au bout. Elle a pris le risque de cette parenthèse hors du temps, de ces quatre jours éternels qui l'ont fait renouer en elle avec l'amoureuse italienne. Elle sait maintenant que le rêve peut prendre corps, qu'il est sur terre des joies profondes et des communions supérieures, une sublime dictature du cœur, et pas simplement celle des choses à faire.

Dans *La Parole en archipel*, René Char écrit : « Il faut s'établir à l'extérieur de soi, au bord des larmes et dans l'orbite des famines, si nous voulons que quelque chose hors du commun se produise, qui n'était que pour nous. » C'est une belle définition du trouble de la rencontre. Même si elle n'a pas tout quitté pour Robert, c'est ce qu'a fait Francesca : elle s'est établie, durant ces quatre jours, « à l'extérieur d'elle-même », hors de cette identité figée dans sa vie de ménagère. Elle a pris le risque des larmes et, en effet, « quelque chose hors du commun » s'est produit, qui n'était que pour eux, un choc dont les ondes se propageront jusqu'à leur mort à tous les deux, et qui ressemble fort au surgissement de la vraie vie.

Cette carapace qui se fissure dans le trouble de la rencontre est souvent notre carapace sociale. Si le moi profond est complexe, changeant, et en grande partie énigmatique, le moi social est plus simple, plus figé. Il est nécessaire, mais réducteur. Il apparaît sur notre carte d'identité ou lorsque nous nous présentons par notre fonction professionnelle, ouvrons la discussion par cette question : « Et toi, qu'est-ce que tu fais dans la vie ? » Voilà une bien mauvaise entrée en matière, tant le risque est grand de réduire l'autre à son métier et au statut qui l'accompagne. C'est ce que nous pourrions appeler *la glu du social* : elle nous colle parfois à la peau, aux basques, entrave notre liberté, notre capacité d'ouverture aux autres et parfois à nous-même. Elle gêne nos mouvements, obscurcit nos jugements, abîme notre curiosité. Combien d'hommes ou de femmes se condamnent à la solitude, faute d'avoir su s'arracher à cette glu du social ? L'autre s'est présenté devant eux, avec peut-être la possibilité d'une histoire, mais ils ne l'ont pas vu, pas même « envisagé » : ils ne se sont pas autorisés à le remarquer, gardant porte close à la possibilité du trouble, parce que cet autre ne correspondait pas à leurs critères sociaux, n'entrait pas dans la bonne case. Heureusement, certaines rencontres nous arrachent à cette glu, produisent un choc capable de fissurer notre carapace. La rencontre a alors le pouvoir de créer du jeu dans ce « je » social : elle fait souffler un vent de liberté sur une identité figée.

« *Viens, je t'emmène* »

Un même vent de liberté souffle dans *Le Jeu de l'amour et du hasard.* Cette pièce de Marivaux met en scène la rencontre de Silvia et de Dorante, dont les familles ont arrangé le mariage. Promise à Dorante, Silvia obtient de son père de rencontrer son prétendant une première fois, mais déguisée en sa propre servante, de manière à avoir tout le loisir de l'observer incognito. Or, Dorante a exactement la même idée : il revêt les habits de son valet pour se présenter devant Silvia. Et, malgré les masques, le charme opère ; ils tombent amoureux l'un de l'autre. Le trouble les prend par surprise, en dépit des apparences. C'est la force de la rencontre : elle a le pouvoir d'effacer les attentes, de déjouer les pronostics, de redistribuer les cartes. Silvia attend de découvrir son promis, mais voilà qu'un autre éveille sa curiosité, qu'elle croit être le valet de celui-ci. De même pour Dorante, qui questionne la servante sur sa maîtresse mais doit se rendre à l'évidence : c'est la servante qui lui plaît. Tandis que Dorante lui parle, Silvia se découvre troublée et se dit à elle-même : « À la fin, je crois qu'il m'amuse… » Et alors qu'il lui confie : « Je voulais moi-même te parler d'autre chose, mais je ne sais plus ce que c'est », elle lui avoue de même : « J'avais de mon côté quelque chose à te dire, mais tu m'as fait perdre mes idées aussi à moi. » À plusieurs reprises elle annonce qu'elle s'en va, mais ne parvient pas à partir. Ce départ sans cesse différé, très théâtral, donne bien à voir le trouble, à la fois gênant et plaisant.

Découvrant son émoi pour celui qu'elle prend pour le valet de Dorante, elle s'étonne de se voir si charmée : « Quel homme pour un valet ! » Elle essaie bien de se raisonner : « On m'a prédit que je n'épouserais jamais qu'un homme de condition », mais rien n'y fait, les arguments de la raison ne portent pas lorsque le cœur parle. Le conditionnement social n'est pas un destin : certaines rencontres nous le rappellent. Non sans heurt bien souvent, tant cet arrachement à la glu du social peut être dérangeant. Silvia cependant se réjouit que Dorante s'en montre capable. En effet, comprenant la première qu'ils ont eu la même idée, découvrant avant lui leurs véritables identités, elle jubile de le voir séduit par celle qu'il croit être une servante : « Ce qui lui en coûte à se déterminer ne me le rend que plus estimable : il pense qu'il chagrinera son père en m'épousant, il croit trahir sa fortune et sa naissance. Voilà de grands sujets de réflexion : je serai charmée de triompher. Mais il faut que j'arrache ma victoire, et non pas qu'il me la donne… » Même s'ils sont de même rang et se marieront conformément aux vœux de leurs familles, le trouble qu'ils éprouvent à cet instant fissure leur identité sociale : ils acceptent un élan du cœur « socialement inconvenant », et d'autant plus délicieux, excitant, qu'il constitue une transgression.

En déplaçant le moi social, en en perturbant la clarté, brouillant ses contours, et parfois même en révélant le leurre, l'artifice, la rencontre redonne droit de cité au moi profond. D'où ce sentiment si fort, au cœur du trouble qu'elle provoque, d'exister pleinement, d'exister enfin. Le moi profond ne se laisse plus recouvrir par le moi social ; il le déborde soudain. Le trouble indique le chemin parcouru, parfois en un temps record. Tout avait commencé par : « Et toi, qu'est-ce que tu fais ? » On entend désormais s'élever la voix de France Gall et sa troublante proposition : « Viens, je t'emmène. »

2

Je te reconnais

Quand le hasard ressemble au destin

Un étrange sentiment d'évidence augmente parfois le trouble. Je ne connais pas cette personne, je viens de la rencontrer, et pourtant j'en suis sûr : c'est elle. Ce sentiment nous donne une forme de confiance face à l'inconnu qui ne l'est déjà plus vraiment. Nous croisons une personne par hasard, mais c'est comme si nous *devions* la rencontrer, comme si nous avions rendez-vous avec elle.

Cette impression de familiarité ressentie la première fois en compagnie d'une personne devenue chère est une expérience commune. Nous nous sentons immédiatement bien avec elle, la compréhension est mutuelle. Voilà qui est pour le moins déroutant : comment peut-on être plus à l'aise avec un inconnu qu'avec des gens fréquentés depuis longtemps ? Tout se passe comme si, par cette rencontre, je renouais avec du connu ; comme si, au lieu de faire ta connaissance, je te *reconnaissais*. Nous avons parfois cette impression, dès les premières conversations, d'avoir « trouvé l'âme sœur » : nous sommes touchés par les mêmes chansons, amusés par les mêmes ridicules, exaspérés par les mêmes comportements. Nous n'avons aucun effort à faire ; tout est facile, fluide. C'est à se demander si, dans une autre vie, nous n'avons pas été frères ou sœurs… À peine nous sommes-nous rencontrés que nous sentons un lien semblable à un lien de parenté, une troublante proximité.

Comment le nouveau, l'inconnu peuvent-ils nous sembler si familiers ? Cette énigme est au cœur de ce livre. Et de la chanson « Les Mots bleus », interprétée par Christophe et reprise par Alain Bashung :

« Je lui dirai les mots bleus
Ceux qui rendent les gens heureux
Une histoire d'amour sans paroles
N'a plus besoin du protocole
Et tous les longs discours futiles
Terniraient quelque peu le style
De nos retrouvailles. »

Ces paroles, écrites par Jean-Michel Jarre, relatent l'histoire d'un homme qui n'ose pas aborder une femme et imagine leur rencontre. Il l'observe, hésite. Revient l'attendre toujours au même endroit. Il n'a pas encore osé lui parler, mais envisage les mots qu'il pourrait lui dire, ou plutôt taire. Pourquoi alors parler de « retrouvailles » ? Que retrouve-t-il au juste ? Peut-être leurs regards se sont-ils croisés, ou a-t-il l'impression de la connaître tant il l'a observée. Alors, en effet, il la « retrouve ». Mais il renoue aussi peut-être avec une part de lui, de son enfance, de son histoire, d'un univers qui a été le sien, des hommes ou des femmes qui l'ont construit… Le choc de la rencontre est parfois tel qu'il peut également avoir l'impression de découvrir le sens même de son existence, dont il s'était peut-être écarté – la vérité de son destin. Il n'a toujours pas entendu le son de sa voix, mais il croit en ce qu'il sent en lui ; il se fait confiance.

« Il n'y a pas de hasard, il n'y a que des rendez-vous », aurait dit Paul Éluard. Il peut s'agir d'un rendez-vous avec l'autre, avec soi ou avec son destin, thème cher au poète surréaliste. Dans tous les cas, c'est bien ce sentiment d'évidence – ou, pour mieux dire, de *reconnaissance* – qui indique la rencontre en train de se produire. Je te reconnais, toi qui ne m'es en fait pas inconnu. Je me reconnais au sens où je me retrouve, moi, ou quelque chose que j'aime, un souvenir lointain, un état que j'ai déjà connu. Ou encore je reconnais mon destin au sens où je le démasque, caché sous le déguisement du hasard. Le signe de la rencontre est alors cette impression, au cœur du hasard, d'un rendez-vous avec ce qui n'est pas fortuit : le sentiment d'évidence est tel que l'accidentel prend soudain l'apparence du destin. Il peut même nous arriver d'éprouver de la reconnaissance, une forme de gratitude, pour ce que nous offre alors l'existence. Je ne sais pas si c'est toi que je rencontre, ou moi, ou mon destin, ou les trois. Mais l'évidence est là : il y a rencontre, reconnaissance, terme dont nous mesurons maintenant la puissance polysémique.

Je vous ai déjà vue quelque part

« Je crois vous avoir déjà vue quelque part », dit parfois le dragueur en mal d'inspiration. Cette approche banale et, avouons-le, souvent lourdingue, révèle pourtant quelque chose de la vérité de toute rencontre : l'impression de reconnaître l'autre.

On pourrait même affirmer que ce dragueur évoque malgré lui une des thèses du *Ménon* de Platon. Dans ce dialogue mettant en scène Ménon et Socrate, le philosophe explore l'énigme de la (re)connaissance en analysant la rencontre avec une idée. D'où vient cette impression, à l'instant où nous comprenons pour la première fois quelque chose, où nous formulons clairement une idée, que celle-ci est évidente, que nous le savions déjà ? Pourquoi la conception d'une idée provoque-t-elle ce sentiment d'une redécouverte ? La connaissance, explique Platon, est en fait une reconnaissance ou, pour le dire avec ses mots, une « réminiscence ». Avant de naître et de « tomber » dans notre corps pour la durée limitée de notre vie terrestre, nous appartenions au monde dcs idées éternelles, monde que nous retrouverons en mourant, délivrés des limites de notre corps. Ainsi, la compréhension d'une idée est en fait une reconnaissance de celle-ci, que nous avons connue sous sa forme intelligible et éternelle avant de tomber dans notre enveloppe corporelle. Rencontrer une idée, c'est la retrouver.

Le coup de foudre de Solal pour Ariane au début de *Belle du Seigneur* a lui aussi le goût des retrouvailles. Le style flamboyant d'Albert Cohen exprime à merveille la puissance de cette évidence, et ce qu'elle peut avoir de troublant pour les animaux prétendument raisonnables et rationnels que nous sommes :

« En ce soir du Ritz, soir du destin, elle m'est apparue, noble parmi les ignobles apparue, redoutable de beauté, elle et moi et nul autre en la cohue des réussisseurs et des avides d'importances [...]. C'était elle, l'inattendue et l'attendue, aussitôt élue en ce soir de destin, élue au premier battement de ses longs cils recourbés [...]. Les autres mettent des semaines et des mois pour arriver à aimer, et à aimer peu, et il leur faut des entretiens et des goûts communs et des cristallisations. Moi, ce fut le temps d'un battement de paupières. »

Ariane est pour Solal une parfaite inconnue, mais il ne doute pas un seul instant : il vient de rencontrer sa femme. Il aura suffi d'une fraction de seconde, « le temps d'un battement de paupières ». Il n'a besoin d'aucun argument, d'aucun raisonnement, pas même d'une parole. Solal reconnaît en Ariane celle qui les effacera toutes : « l'inattendue et l'attendue ». Inattendue car elle surgit par surprise, mais attendue car il reconnaît celle qu'il désirait, vers laquelle toute sa vie passée l'a conduit, avec laquelle il avait donc « rendez-vous ». Et il reconnaît ce « soir de destin » alors même qu'il se trouve au Ritz par hasard.

Et Solal poursuit : « Dites-moi fou, mais croyez-moi. Un battement de ses paupières, et elle me regarda sans me voir, et ce fut la gloire et le printemps et le soleil et la mer tiède et sa transparence près du rivage et ma jeunesse revenue, et le monde était né, et je sus que personne avant elle, ni Adrienne, ni Aude, ni Isolde, ni les autres de ma splendeur et jeunesse, toutes d'elle annonciatrices et servantes. Oui, personne avant elle, personne après elle. »

Il y a en effet quelque chose de « fou » dans la puissance de cette évidence. Nous passons nos vies à douter, mais certaines rencontres ont le pouvoir de nous délivrer, parfois d'un seul geste, « le temps d'un battement de paupières ». Que réveillent-elles en nous, qui ne laisse plus de place à l'incertitude ? Que rencontrons-nous alors ? Quelque chose, probablement, de la « vraie vie », dont nous reparlerons. Nous acceptons d'être emportés, malgré le danger. Au cœur de cette prise de risque, un sentiment de familiarité nous rassure ; nous sommes en confiance. Nous nous sentons chez nous dans l'inconnu, c'est le signe que nous rencontrons quelqu'un.

Dans *La Vie d'Adèle*, palme d'or au festival de Cannes en 2013, Abdellatif Kechiche filme l'instant exact de cette révélation. Adèle est en train de marcher dans la rue quand elle aperçoit Emma. Sur le trottoir, un musicien tape sur ses congas. Emma a les cheveux bleus, courts, et elle tient par l'épaule une autre fille aux cheveux courts. Lorsque Adèle croise le couple, Emma se retourne sur elle, et Adèle fait de même – leurs regards se croisent. Emma poursuit son chemin aux bras de son amie. Mais Adèle, immobile au milieu de la rue, est prise d'un vertige. Elle manque de se faire renverser par un scooter, un automobiliste la klaxonne. Adèle se pensait hétéro, elle vient d'ailleurs de coucher avec un garçon de sa classe. Mais ce qui maintenant la prend, la surprend, la submerge… est une évidence : cette fille lui plaît. Et ce désir dont elle n'avait pas conscience, dont elle se détournait avant cette rencontre, l'emporte. Elle est obligée d'admettre ce qu'elle savait sans le réaliser – elle est forcée de le *reconnaître* : elle aime les filles. Et elle vient de rencontrer Emma. Elle est donc doublement troublée. Son existence va s'en trouver bouleversée. Quelques jours plus tard, Adèle embrasse une camarade de classe.

Puis retrouve Emma dans une boîte gay, où elle a accompagné un de ses amis. « Qu'est-ce que tu fais ici ? » lui demande Emma en l'apercevant seule au bar. « Je ne sais pas, j'ai juste suivi un pote, je suis là par hasard », lui répond Adèle. Emma lui sourit et lui dit que ce type d'endroit ne doit « pas trop être son genre »… Emma est chez elle, au milieu de ses amis, ici, elle a ses habitudes. Elle a quelques années de plus, sûre d'elle et arrogante. Mais pas seulement. Elle continue à sourire à Adèle : « Le hasard, ça n'existe pas. »

3

Je suis curieux de toi

Quand j'ai envie de découvrir ton monde

Dans le sourire, dans le regard d'Emma qui se pose sur Adèle il y a de la curiosité. Adèle est plus jeune ; elle n'a pas les codes de cette boîte de nuit gay. Elle vient d'un autre monde. Sa présence dans ce club, sa différence criante intriguent Emma qui veut la découvrir, se sent attirée par l'inconnu. Cette curiosité pour l'autre, pour le monde de l'autre qui déjà se devine, est un signe de la rencontre différent du précédent. Il ne s'agit plus ici de se sentir étrangement proche d'un autre, inconnu l'instant d'avant, mais d'avoir envie d'aller vers sa différence, même si elle ne nous est pas familière : nous sommes attirés par ce qui nous est étranger.

Rencontrer quelqu'un, c'est se trouver projeté au seuil d'un monde nouveau, happé par l'envie de l'explorer ; c'est une invitation au voyage. Il peut être géographique et culturel lorsque l'autre est d'ailleurs ou vient d'un milieu différent – bref porte une promesse d'« exotisme ». Mais il peut aussi se faire au sein du même milieu socioculturel. Le voyage peut avoir lieu en traversant les frontières ou en traversant la rue, en allant vers un autre très éloigné ou proche de nous. Son monde est de toute façon toujours différent, du simple fait qu'il décentre notre regard, nous offre un autre point de vue.

Out of Africa, le film aux sept oscars de Sydney Pollack, raconte la passion amoureuse entre la romancière Karen Blixen jouée par Meryl Streep et Denys Finch Hatton, un aventurier incarné par Robert Redford. La rencontre entre cette aristocrate danoise et le chasseur anglais prend l'apparence d'un choc des cultures, de la confrontation de deux mondes. Elle est la riche propriétaire d'une exploitation agricole, lui un pilote d'avion épris de liberté. Dans sa plantation de café, Karen dirige des dizaines d'employés, lui mène sa barque en solitaire. Elle est une conteuse, parlant aussi bien qu'elle écrit, lui un taiseux. Dans les regards échangés par Meryl Streep et Robert Redford, on sent dès le début naître cette fascinante curiosité. Pas de coup de foudre ici, mais le désir intense et réciproque de découvrir l'autre. Leur rencontre a lieu en pleine savane. Le train dans lequel Karen voyage marque une pause pour que Denys y charge des défenses d'éléphant. La baronne ne descend pas, le chasseur ne monte pas à bord. Ils ont juste le temps d'échanger quelques mots et le train repart. Juste le temps de faire naître l'envie d'en savoir plus. Au cours de leur aventure amoureuse, on verra cette curiosité s'amplifier, tant l'énigme de l'autre se montre difficile à percer : plus ils s'y efforcent, plus elle s'épaissit. C'est d'ailleurs là le véritable sujet du film, mis en scène pour nous faire sentir cette profondeur du mystère de l'autre. Ainsi, on assiste à trois reprises à une scène de Karen et Denys dînant à la bougie. Cette répétition d'une même scène est une prise de risque : elle pourrait provoquer l'ennui chez le spectateur. Mais il n'en est rien car Sydney Pollack y donne à voir les ramifications de cette curiosité pour le monde de l'autre. Il montre comment elle se nourrit des informations distillées, des silences, des non-dits, comment elle fait émerger un désir sensuel qui n'était pas premier. Dans une autre scène, Karen raconte une histoire après le repas et Denys la regarde en silence : elle ne parle pas directement d'elle mais, à la manière dont elle raconte, il entre peu à peu dans son monde. Plus tard, dans une scène devenue culte, Denys lave les cheveux de Karen avec l'eau tirée d'un ruisseau. En levant les yeux vers Denys, elle part d'un coup si loin. Sydney Pollack s'attache toujours à filmer cette curiosité pour un ailleurs qui nous appelle au cœur tremblant de la rencontre. « Viens, je t'emmène » en voyage dans mon monde.

« Vous ne désirez jamais quelqu'un ou quelque chose », explique Gilles Deleuze dans son *Abécédaire*, à la lettre D comme désir. On désire « un ensemble ». Ou plus exactement : on désire « dans un ensemble ». On désire tout un monde, celui qui est associé à l'être rencontré et dont on ne devine d'abord que les reliefs, un monde fait d'habitudes, de gestes, d'amis et d'ennemis, d'émotions, de perceptions, de souvenirs… Gilles Deleuze synthétise une métaphore développée par Marcel Proust dans *À l'ombre des jeunes filles en fleurs* : « On ne désire pas simplement une femme mais tout un paysage enveloppé dans cette femme. » La rencontrer, c'est avoir envie de déplier ce paysage pour s'y promener. C'est aimer l'idée que cela prendra du temps, que l'on ne sait pas précisément ce que l'on va y trouver. « Désirer, dit encore Deleuze, c'est construire un agencement, construire un ensemble » autour de l'objet du désir. La curiosité et le désir ne prennent donc pas simplement l'autre comme objet, mais englobent tout cet agencement, cet ensemble construit autour de lui. Je suis curieux de tout ton univers, de tout ce qui est relié à toi, agencé autour de toi.

Cette curiosité pour l'autre a une vertu : elle dure. Surconnectés, sollicités de toutes parts, interpellés sans cesse par les notifications de nos smartphones, nous risquons de perdre le sens de la durée, de la construction, de l'approfondissement des choses et des liens. Curieux de tout, nous ne le sommes plus de rien ; la vraie curiosité demande du temps. Rencontrer quelqu'un, c'est découvrir un monde si vaste que nous n'en ferons peut-être jamais le tour, sentir en soi une curiosité qui ne se tarira pas de sitôt, comprendre que le mystère d'un être ne se dissipe pas en quelques jours. Voilà une manière d'échapper à l'agitation de l'époque, et l'une des belles promesses de la rencontre. Quel bonheur, quelle surprise d'être enfin arraché à l'éparpillement par la puissance d'une curiosité maintenue, insistante.

Avant même d'avoir l'idée d'*Out of Africa*, Sydney Pollack a été un lecteur de Karen Blixen, de *La Ferme africaine* bien sûr, son grand roman autobiographique, mais également d'un recueil de nouvelles, *Anecdotes du destin*. Il souhaitait poursuivre l'exploration de son monde, approfondir cette rencontre, mieux connaître celle dont il avait tant aimé les livres. Alors il a décidé d'adapter ses Mémoires au cinéma. *Out of Africa* est né de cette curiosité pour le monde de l'autre, pas étonnant qu'il la raconte si bien.

J'ai vécu une rencontre de cet ordre avec mon professeur de philosophie de terminale, finalement devenu l'un de mes plus proches amis ; je fis d'ailleurs office, près de vingt-cinq ans plus tard, de maître de cérémonie laïque lors de son enterrement. Rencontrer Bernard Clerté, ce fut d'abord découvrir tout un monde, fréquenté par Platon et Hegel évidemment, mais dont je comprendrais plus tard qu'il l'était tout autant par des producteurs de Puligny-Montrachet et de Savigny-lès-Beaune, par des joueurs de tennis et des marins bretons – un monde dans lequel on circulait en vieille Golf rouge et lisait autant *La Phénoménologie de l'esprit* que *L'Équipe.* Nous sommes nombreux à devoir à un professeur d'avoir ressenti cet élan de l'être vers un champ inconnu – d'avoir découvert, tout simplement, la curiosité. La rencontre d'une matière ou d'un savoir s'accompagne souvent de celle d'un être, et la curiosité que cet être sait susciter pour sa matière est alors inséparable de celle que nous avons pour lui. Aurais-je été si curieux de la pensée de Hegel ou de Spinoza si je ne l'avais été de la personnalité de Bernard Clerté ? Regardant en arrière, je ne peux dissocier l'intérêt qu'il a éveillé en moi pour la philosophie de ma rencontre avec lui, avec sa gouaille des faubourgs (il avait été magasinier aux Halles de Paris dans sa jeunesse), ses faux airs de Gainsbourg, ses colères un peu ridicules et ses gauloises qu'il fumait dans la salle de classe. L'univers de Spinoza était indissociable du monde de Bernard Clerté ; je trouvais soudain mille raisons de me désintéresser un peu de moi-même. Je ne le savais pas à l'époque, mais cette curiosité n'allait faire que s'amplifier au fil des années de notre amitié. Ironie de l'histoire, elle se verrait alimentée le jour de son enterrement par un élément nouveau, induisant la relecture d'une grande partic dc son histoirc pcrsonncllc. Lors dcs discours dc ses frères, j'appris un élément biographique qu'il ne m'avait jamais confié et qui entrait en contradiction frontale avec son histoire telle qu'il me l'avait toujours racontée. Même mort, Bernard Clerté continuait de m'intriguer… La curiosité pour le monde de l'autre peut même lui survivre.

Revoyant notre première rencontre, qui eut lieu avant la classe de terminale, dans la cour du lycée, je comprends mieux aujourd'hui ce qui s'est noué à cet instant. Il discutait avec certains de ses élèves, fumeurs comme lui. Je me tenais par hasard à côté et me suis trouvé mêlé à leur discussion. Avant de remonter dans sa salle de cours, il m'a demandé dans quelle classe j'étais et nous avons échangé quelques instants. J'étais en première scientifique : je ne l'aurais donc pas comme professeur de philosophie l'année suivante puisqu'il n'enseignait qu'aux littéraires… Je me souviens qu'il m'observait en tirant sur sa cigarette tandis que nous discutions de *L'Étranger* de Camus. J'étais sous le choc de ce roman, il était plus nuancé. Il avait ce regard qui me serait plus tard familier, plein de sourire et de fatigue, de douceur aussi, qui vous donnait l'impression d'être lu en entier, en profondeur. Au moment de quitter la cour de récréation et de s'engager dans les escaliers qui montaient vers les salles de classe, il m'a proposé en riant de changer de voie, de le rejoindre en section littéraire. Et il a ajouté une plaisanterie sur le professeur de philosophie qui m'attendait si je restais en filière scientifique – « une vraie calamité celui-là, il aurait mieux fait d'être GO au Club Med » – avant d'écraser son mégot sur une des premières marches du grand escalier de bois.

Quelques mois plus tard, je suivais son conseil et changeais de section. J'étais tellement curieux du monde de Bernard Clerté que je décidai de m'y aventurer.

4

J'ai envie de me lancer

Quand l'autre me donne des ailes

Une rencontre marque parfois aussi la naissance d'un projet. Le monde de l'autre nous intéresse moins que tout ce que nous allons pouvoir construire ensemble. Le signe que la rencontre a lieu est alors l'excitation que ce projet provoque en nous : cette envie d'en découdre, de s'engager sans tarder, la certitude que nous allons faire équipe et ensemble réaliser de grandes choses. Avoir rencontré l'autre nous donne des ailes : nous allons additionner nos talents pour créer un être ensemble qui sera supérieur à la somme des parties ; nous allons prouver que 1 + 1 = 3.

Cela ne s'explique pas mais se vit, se perçoit, se ressent : la rencontre crée un désir, ouvre un champ de possibles, il faut s'y engouffrer. « Le secret de l'action, c'est de s'y mettre », écrit Alain. Avec toi, je n'hésite pas une seule seconde, je veux monter ce projet, cette entreprise. Avec toi, je veux militer, m'engager. Avec toi, je veux avoir un enfant. Chez les êtres de relations que nous sommes, l'engagement dans un projet ou une cause est très souvent conditionné par la rencontre. Peut-être avais-je déjà songé à m'engager, l'idée me travaillait depuis un certain temps, mais cette rencontre a été le déclencheur : la preuve que je t'ai rencontré, c'est que nous nous lançons ensemble.

Dans son autobiographie *Life*, Keith Richards évoque sa rencontre avec Mick Jagger, en 1960, sur le quai de la gare de Dartford, en banlieue de Londres. Il a dix-sept ans et reconnaît ce visage en face de lui : « J'avais un disque de Chuck à la main, et un gars que j'ai connu à l'école primaire [...] s'est approché de moi. Il a tous les disques de Chuck Berry [...] je veux parler du vrai R&B [...] Jimmy Reed, Muddy Waters, Chuck, Howlin' Wolf, John Lee Hooker [...]. Donc le type à la gare s'appelle Mick Jagger. » Ils discutent quelques instants et se donnent rendez-vous pour reprendre des standards de rhythm 'n' blues – Buddy Holly, Eddie Cochran, Chuck Berry... À peine commencent-ils à jouer que l'évidence s'impose : ils s'accordent sans effort, prennent un plaisir incroyable – il faut se lancer, monter un groupe. Tous deux sont déjà musiciens, habitués à jouer avec les uns et les autres. Mais ce qu'ils ressentent ce jour-là est différent : l'impression que s'ouvre un champ du possible inédit, que le pouvoir de l'un, du seul fait de leur rencontre, s'accroît de celui de l'autre. Avoir du pouvoir, ce n'est pas le prendre aux autres, mais bien leur en donner. Toutes les grandes rencontres professionnelles le montrent : quand l'association est la bonne, le pouvoir de chacun se trouve accru selon une loi qui n'est pas celle de l'arithmétique. 1 + 1 = 3. Peu de temps après, Mick Jagger et Keith Richards sont rejoints par Brian Jones, un guitariste fan de Muddy Waters qui comptait appeler son groupe, en hommage à l'une de ses chansons, « Rollin' Stone »…

La relation entre Mick Jagger et Keith Richards ne sera pas toujours facile : dans son autobiographie, Keith Richards reprochera à Mick Jagger son narcissisme, de s'être arrogé le leadership des Stones, de vouloir tout contrôler, d'être devenu un *jet setter* trahissant l'esprit du rock, une caricature de mondain à l'opposé du fils d'ouvrier que lui, Keith, est resté… Il y aura toujours entre eux une rivalité, d'autant qu'ils composent parfois les chansons ensemble, parfois indépendamment. Mais leur intuition première sera confirmée par plus de soixante ans d'albums, de concerts monstres, de tubes qui en font l'un des plus grands groupes de rock de tous les temps : leurs talents conjugués font des étincelles. C'est plus qu'une mise en commun, plus qu'une addition : c'est une rencontre. Il suffit d'écouter « Sympathy for the Devil », « Emotional Rescue » ou « Wild Horses » pour entendre cette alchimie mystérieuse qui ne s'explique pas uniquement par l'analyse d'une complémentarité. Ce n'est pas simplement que la voix de Mick Jagger s'accorde aux riffs de guitare et à la basse, ou que l'énergie sensuelle de Mick complète bien la nonchalance plus heurtée et sombre de Keith. D'ailleurs, le chanteur est également guitariste, et le guitariste, chanteur… S'ils étaient simplement complémentaires, chacun resterait à sa place. Leur rencontre produit un petit miracle : portée par les riffs de Keith Richards, la voix de Mick Jagger s'envole et nous touche autrement. En se rencontrant, leurs deux énergies créent une œuvre unique qui provoque une furieuse envie de vivre. La puissance de cette rencontre s'appréhende davantage par une mystique que par une arithmétique, au fond, nous ne savons pas exactement ce qui marche si bien. Symbole de cet être ensemble, « Jagger/Richards » deviendra la signature commune de Mick et de Keith pour les chansons du groupe écrites soit par l'un, soit par l'autre, soit par les deux, à l'instar de « Lennon/McCartney » pour les Beatles. Les individualités sont débordées, dépassées dans l'invention de cet être ensemble. Le tandem « Jagger/Richards » sera surnommé « The Glimmer Twins », certaines chansons étant même signées de ces « jumeaux étincelants ». Il est émouvant de songer, en réécoutant « Angie », « Paint It Black » ou « Gimme Shelter », que ces titres n'auraient peut-être jamais existé sans cette rencontre sur un quai de gare, dans la banlieue de Londres. Et plus encore d'imaginer que, d'une certaine manière, ces tubes étaient déjà annoncés dans l'excitation qu'ils ont ressentie la première fois qu'ils ont joué ensemble.

Nous écoutons une chanson des Stones, non une chanson de Mick Jagger et de Keith Richards, comme nous écoutons une chanson des Beatles, et pas une chanson de Paul McCartney et de John Lennon. Leur musique nous permet de comprendre, de manière sensible, ce qu'est « l'être ensemble ». Comme Keith ou Mick, nous pouvons tous sentir, en rencontrant quelqu'un, que nous allons inventer quelque chose. Cette excitation nous prouve que nous ne sommes pas tant attachés à notre petite personne, à notre seule compétence : nous aspirons à une aventure collective qui nous rendra plus forts. Grâce à elle, nous allons être dépassés, au sens noble : nous allons créer quelque chose de plus grand que nous.

Ce qui est vrai d'un groupe de musique l'est *a fortiori* d'un couple. Comment écrire « un et un font trois » sans songer au projet d'avoir un enfant ? Comment évoquer « un tout qui soit supérieur à la somme de ses parties » sans songer à la famille ? Si les rencontres amoureuses commencent souvent par un trouble, un sentiment d'évidence ou une belle curiosité pour l'autre, elles peuvent s'approfondir, trouver un nouveau souffle ou même une autre vérité dans cette envie de se lancer dans une aventure ensemble : avoir un enfant, fonder une famille, ou plus simplement vivre ensemble, quitter son chez-soi pour créer un chez-nous.

Il arrive d'ailleurs que nous préférions le confort de nos habitudes, de cette vie centrée sur notre individualité, nos soucis et nos envies. La perspective de vivre à deux ou de fonder une famille nous inquiète plus qu'autre chose, parfois même fait figure de repoussoir : nous y voyons une panoplie de contraintes, des responsabilités que nous n'avons ni l'envie ni la capacité d'endosser. Mais lorsque nous rencontrons la bonne personne, survient une levée, parfois quasi immédiate, de toutes nos inhibitions, une évaporation de nos craintes, une dissipation de nos angoisses. Le signe de la rencontre est alors ce sentiment d'une liberté nouvelle. Désormais, nous avons envie de tenter l'aventure. Parce que nous ne sommes plus seuls. Parce que nous avons trouvé la bonne personne, se lancer devient plus excitant qu'angoissant. Lorsque la rencontre produit cet effet, dans la grâce de cette légèreté retrouvée, dans ce renouveau de notre capacité d'audace, nous mesurons combien nous nous trompions en réduisant notre existence à celle d'un individu face au monde. J'avais peur de me lancer parce que je ne voyais que le monde et moi, mes responsabilités et moi, mon angoisse et moi… J'avais oublié que l'essentiel pouvait venir d'ailleurs que moi. J'avais oublié la véritable nature – relationnelle – de l'animal humain. J'avais oublié que je manquais non pas de talent ou de qualités, ou même de courage… mais simplement de toi. De cet être qui n'est pas moi, mais sans lequel je ne peux me réaliser.

Dès la rencontre survenue, l'essentiel n'est plus ce que je vais ou non pouvoir réaliser, mais ce que *nous* allons accomplir ensemble. À partir du moment où je sens cette possibilité d'une invention collective, je prends une distance salutaire avec mes craintes ou mes angoisses, attachées à mon histoire, à mon passé, comme tu le fais peut-être avec les tiennes. La magie opère – que l'équation 1 + 1 = 3 laisse deviner –, A rencontre B et A et B deviennent plus que A + B. Te rencontrer ouvre un avenir, je me sens pousser des ailes pour voler vers lui. C'est vrai, je prétendais ne pas vouloir d'enfant, mais je ne t'avais pas rencontré, un enfant de toi n'est pas un enfant comme les autres. Faire cet enfant avec toi change tout, nous serons responsables ensemble, assumerons les contraintes ensemble, deviendrons parents ensemble. Voilà qui ressemble davantage à une aventure qu'à un poids. En te rencontrant, je découvre cette force de liberté en moi dont j'ignorais la puissance. Tout dans cet allant nouveau indique un dépassement de ma petite personne : les problèmes et les craintes ne sont plus simplement les miens, ce ne sera pas mon enfant mais le nôtre. Si je n'avais jamais envisagé de quitter ma ville, mon pays, mais que je projette désormais de vivre ailleurs avec toi et d'y élever nos enfants, c'est le résultat de notre rencontre, dont ces projets sont autant de signes.

Bien sûr, avoir des enfants ou fonder une famille n'implique pas nécessairement qu'il y ait eu une vraie rencontre. Au XIXe siècle, par exemple, certains couples faisaient des enfants en se connaissant à peine et vivaient leurs histoires d'amour en dehors du couple. On peut aujourd'hui décider d'avoir un enfant par procréation médicalement assistée, sans avoir jamais rencontré le « donneur » ou sans avoir aucun projet de couple… Il arrive aussi que le projet de fonder une famille, quand il est trop conformiste, dicté par l'obsession de la norme, relègue la rencontre au second plan. Mais lorsque la rencontre fait naître le désir d'enfant, lorsqu'elle initie le projet, le rend désirable, alors ce feu allumé dans notre poitrine dit la force même de la rencontre : c'est bien au cœur de celle-ci – et non en amont – que nous sentons vibrer la possibilité qu'un et un fassent trois.

Plus tard, lorsque la rencontre aura porté ses fruits, nous nous souviendrons avec émotion de cette excitation initiale, de ce moment où il nous est apparu que tout devenait possible. Nous serons comme Mick Jagger et Keith Richards contemplant de la sueur plein les yeux les dizaines de milliers de personnes qui reprennent leurs chansons. Nous serons comme tous ces parents heureux de voir leurs enfants grandir et leur échapper. Nous aurons le cœur plein de la joie d'avoir créé plus grand que soi.

5

Je découvre ton point de vue
Quand je fais l'expérience de ton altérité

Rencontrer quelqu'un, c'est découvrir un autre point de vue sur les choses, faire l'expérience d'un changement dans notre rapport au monde. Depuis que je t'ai rencontré, je ne suis plus au centre de mon monde, je ne suis plus cette monade percevant le monde depuis sa seule position. Désormais, je vois les choses également à travers ton regard. Une information fait la une de l'actualité, et j'ai l'impression de savoir comment tu vas la recevoir. J'assiste à une conférence, et j'imagine les réflexions qu'elle t'inspire. J'écoute une chanson, et je crois savoir si elle va te plaire. Et lorsque nous allons au cinéma, je regarde le film aussi avec tes yeux. En sortant de la salle, souvent, tu confirmes mon pressentiment, tu as été touché par cette scène. Le fait de t'avoir rencontré et d'avoir adopté ton point de vue sur le monde n'empêche pas que je garde mon goût, mon regard, ma vision, mais ils sont enrichis du tien. J'ai vu le film deux fois : non pas à deux reprises, mais simultanément avec mes yeux *et* avec les tiens. Et depuis que je t'ai rencontré, c'est le monde entier que je perçois désormais deux fois.

Le fait de ne plus être « au centre » de son monde est à la fois déroutant et excitant. Déroutant car je suis arraché à ma façon habituelle de voir les choses. Excitant car j'appréhende enfin le monde autrement : je le découvre avec d'autres yeux que les miens. « L'autre me vole mon monde », écrit Sartre pour qualifier cette douloureuse expérience de l'altérité, qui ne se produit pas immédiatement. Il faut des expériences répétées de ce changement de regard pour accéder ainsi au point de vue de l'autre. Cette découverte de l'altérité indique que la rencontre a eu lieu et commence à produire ses effets.

Bien sûr, nous savons que l'autre existe, mais le rencontrer vraiment, faire l'expérience de sa différence, exige davantage. Cette conscience de l'autre, je l'ai en voiture, lorsqu'il me fait une queue de poisson, mais je ne le rencontre pas. Je l'ai lorsque mon travail me contraint à collaborer avec lui, mais je ne le rencontre pas nécessairement pour autant. Je l'ai lorsque l'autre me tient lieu de partenaire sexuel interchangeable, mais il n'est pas dit que je le rencontre à chaque fois.

En revanche, quand cet autre devient mon amour, mon ami, mon partenaire, lorsque je ne peux plus vivre un événement sans le ressentir également à travers lui, alors je sais que je l'ai vraiment rencontré : je fais dans la durée l'expérience de sa différence, de son altérité.

Étrange expérience d'ailleurs : si l'autre est vraiment autre, comment puis-je me mettre à sa place ? Sa différence ne constitue-t-elle pas un fossé qui m'empêche de le rejoindre, de le comprendre, de le rencontrer ? La rencontre de l'autre n'est-elle pas, par essence, impossible ? L'expérience nous montre heureusement le contraire : la plupart des amis, amoureux, amants ne doutent pas de s'être rencontrés… Mais comment être sûr que cette rencontre est réelle, que nous ne sommes pas en train de nous illusionner, de nous « faire un film » ? Précisément en observant, jour après jour, que nous sommes capables de nous *décentrer* : chaque fois que nous réussissons à voir le monde à travers les yeux de l'autre, nous faisons mentir une impossibilité théorique. La vie est plus forte que la théorie : chaque fois que le monde s'offre à moi autrement parce que je le découvre avec tes yeux, je sais que je t'ai rencontré.

Analysons avec le philosophe Alain Badiou ce qui se joue dans la rencontre amoureuse : « L'amour […] est une construction, c'est une vie qui se fait, non plus du point de vue de l'Un, mais du point de vue du Deux. » Et cette construction, comme toutes les constructions, prend du temps : le temps de découvrir l'autre, de comprendre à quel point il voit les choses sous un angle différent. Nous n'avons « jamais fini de faire le tour de l'autre », écrit avec bonheur Alain Badiou. Comment s'y risquer sans amour, sans amitié ? Comment tenter ainsi l'impossible : voir le monde avec les yeux d'un autre ? Il faut, pour espérer y parvenir, des sentiments qui durent : de l'amitié ou de l'amour. Sans ces affects, l'expérience intellectuelle du changement de point de vue serait tout bonnement impossible. Sans l'amour et l'amitié, nous serions incapables de faire cette expérience de l'altérité.

C'est le sens de l'affirmation énigmatique de Platon : « Qui n'a jamais aimé ne peut philosopher. » Si philosopher consiste à sortir de l'enfermement dans sa propre opinion pour apprendre à penser « contre soi », alors l'amour me fait entrer en philosophie parce qu'il m'apprend à me mettre à la place de l'autre, à voir le monde à partir d'une position qui est celle de la différence et non de l'identité. Ce signe-là ne peut être trompeur : si je ne vois plus les choses pareillement, depuis ma seule identité, « du point de vue de l'Un », mais à partir de notre belle différence, « du point de vue du Deux », c'est que je t'ai rencontré, c'est que le dialogue a commencé. Ce dialogue qui se poursuit chaque fois que nous débattons du film en sortant de la salle de cinéma, chaque fois que nous constatons notre écart d'opinion sur un sujet de société et mesurons combien nous sommes différents. Ce dialogue qui commence d'ailleurs de plus en plus souvent avant la rencontre physique, sur son téléphone ou devant son ordinateur, la prolifération des sites ou applications de rencontre et l'allongement de la durée des tchats avant le premier rendez-vous permettant finalement de mieux se familiariser avec le point de vue de l'autre.

S'ouvrir au point de vue de l'autre peut d'ailleurs dissiper bien des malentendus, dénouer bien des crises. Imaginons un mari blessé que sa femme accepte l'invitation à déjeuner d'un autre. Ce dernier occupe le même poste qu'elle dans une entreprise concurrente – discuter avec lui peut donc s'avérer instructif –, mais il lui a fait par le passé des avances un peu trop appuyées. Le mari souhaiterait qu'elle ferme la porte plus nettement. À ses yeux, déjeuner avec cet homme revient à l'encourager, à se montrer disponible, bref à jouer son jeu. Il se sent trahi. Mais c'est parce qu'il n'adopte pas le point de vue de sa femme. Elle n'a pas oublié les avances de cet homme, mais elle préfère les ignorer et ne pas manquer une discussion intéressante ; elle se comporte donc comme si cela n'avait jamais eu lieu. Si elle s'interdisait de fréquenter tous ceux qui l'ont ou pourraient la draguer, son réseau relationnel rétrécirait considérablement. Elle ferme donc les yeux sur l'insistance de cet homme, sans que ce soit une invitation comme son mari le craint, mais pour n'être pas réduite à son statut de femme convoitée. En adoptant la vision de sa femme, le mari comprend son erreur : il interprétait son détachement comme de la mauvaise foi alors qu'il s'agissait simplement d'une stratégie d'évitement. En changeant de perspective, il se trouve délivré de son sentiment de trahison.

Avec ses dialogues philosophiques, un genre nouveau visant à rivaliser avec le théâtre antique, Platon fait l'éloge de la rencontre : la confrontation des différents points de vue y produit la pensée et permet à chacun de progresser, de s'ouvrir à la position de l'autre sans renier la sienne, mais en l'approfondissant. Les plus beaux dialogues de Platon ne sont d'ailleurs pas ceux dans lesquels Socrate triomphe facilement de son interlocuteur, mais ceux – comme *Le Sophiste* ou *Le Banquet* – où coexistent différents points de vue, tous également dignes d'intérêt.

Dans une rencontre amoureuse ou amicale, il s'agit également de faire exister l'autre à ses côtés, dans son altérité. Alain Badiou écrit : « L'ennemi principal de l'amour, celui que je dois vaincre, ce n'est pas l'autre, c'est moi, le "moi" qui veut l'identité contre la différence, qui veut imposer son monde contre le monde filtré et reconstruit dans le prisme de la différence. » Si je t'ai rencontré mais que cette rencontre n'a pas modifié mon regard sur le monde, si je suis tellement attaché à mon « moi » que je continue à voir le monde comme avant, c'est que je ne t'ai pas réellement rencontré. J'ai cohabité avec toi, peut-être pendant des années, mais sans faire l'expérience de ton altérité.

Badiou poursuit : « [L'amour] est une proposition existentielle : construire un monde d'un point de vue décentré. » Quand je te rencontre, je découvre que le monde peut être expérimenté autrement que par une conscience solitaire, « en sorte que ce monde advient, qu'il naît, au lieu de n'être que ce qui remplit mon regard personnel. L'amour est toujours la possibilité d'assister à la naissance du monde ».

Badiou évoque le monde vu, perçu, reçu par l'autre. J'assiste à sa naissance dès que j'accède, même partiellement, à son point de vue. Et ce point de vue éveille peut-être aussi ma conscience de l'existence *du* monde : celui que nous habitons tous les deux, par-delà nos différences de perception.

Si l'amour est « construction », c'est en se continuant que la rencontre manifeste toute sa puissance : le véritable émerveillement est moins dans le coup de foudre initial que dans le temps nécessaire pour essayer de « faire le tour de la différence » de l'autre et découvrir, ébloui, qu'il est lui aussi un centre, un sujet, un point d'observation de la richesse du monde.

Pensant la création du monde par Dieu, Descartes évoque une « création continuée », pour dire que Dieu ne se contente pas d'avoir créé le monde une fois pour toutes : il continue sans cesse de le créer. De même, la rencontre de l'autre ne se joue pas simplement à l'instant *t* : à l'image de Dieu, nous continuons chaque jour d'aller à la rencontre de l'être aimé, d'approfondir notre expérience de son altérité. Nous pouvons ainsi penser une histoire d'amour qui ne connaisse pas de déclin, mais au contraire se déploie, s'amplifie dans l'exploration de la différence de l'être aimé. La rencontre devient une invitation à poursuivre la rencontre : plus j'approche du mystère de l'autre, plus il se dérobe. Puisque l'autre est complète altérité, tout ce que je comprends peu à peu de lui ne fait qu'accroître la fascination envers ce qui m'échappe. Tout se passe comme si le mystère rétrécissait (je te connais de mieux en mieux), et en même temps s'épaississait (puisque ton énigme résiste à cette connaissance). Ici encore, il faut dépasser une approche arithmétique pour approcher la magie de la rencontre.

Amour construction versus *amour fusion*

Une telle conception de l'amour comme construction, exploration de la différence de l'autre, nous place à mille lieues de ce que nous pourrions appeler l'amour « fusion ». Dans le cas de ce dernier, souvent idéalisé à l'adolescence, au lieu de demeurer deux et de mesurer chaque jour un peu plus combien l'autre reste autre, nous aspirons à ne faire plus qu'un, nous fondre dans un couple, ressentir les mêmes choses, les mêmes envies, avoir les mêmes goûts, les mêmes vies, être partout et toujours sur la même longueur d'onde. Et nous rêvons de cette fusion comme incarnant la forme suprême de l'amour. En employant souvent « on » ou « nous » au lieu de « je » – « nous, on n'a pas du tout aimé ce film » –, nous nous présentons volontiers au monde comme un couple davantage que comme deux individualités, et trouvons cette idée de fusion belle et romantique : « Nous nous aimons tant que nous ne faisons plus qu'un. »

Or, ce qui fait l'intérêt d'un individu est d'être lui-même, singulier dans son énigme et sa complexité, et lorsque cet individu a la chance d'être aimé, il l'est à ce titre : comme un être unique, dont le mystère nous attire. S'il s'est fondu dans l'autre, a disparu dans le couple, s'il ressent et pense comme l'autre, il perd sa singularité, son sens critique, et par là même son charme. À cela s'ajoute qu'une telle fusion est le plus souvent inégalitaire : l'un des deux disparaît plus que l'autre, et si les deux ne font plus qu'un, c'est parce que l'un a pris le dessus sur l'autre, l'a effacé. Cette disparition de l'un des deux se produit d'ailleurs parfois avec son « consentement ». S'il ne s'aime pas suffisamment, s'il est tellement dépendant de l'autre qu'il ne peut exister seul, le couple accentuera cet effacement. Contre cette idée de l'amour fusion et ses possibles ravages, Alain Badiou nous propose une vision beaucoup plus contemporaine de l'amour, romantique elle aussi, mais en un autre sens. Non plus le romantisme de l'abandon ou de l'oubli de soi dans la fusion totale mais celui, beaucoup plus concret, effectif, d'un émerveillement chaque jour renouvelé devant l'énigme de l'autre. Ici, l'autre reste autre malgré tout ce que je sais de lui, malgré notre vie commune et nos habitudes, malgré notre proximité et notre complicité, malgré tout l'amour que je lui porte.

Méfions-nous donc de ces expressions dans lesquelles nous semblons nous fondre l'un dans l'autre, nous désignant comme un couple parlant d'une seule voix ; méfions-nous de ce « on » menaçant de nier notre belle différence. Chérissons le trésor de cette altérité autant que possible au lieu d'en laisser l'éclat se ternir dans les goûts ou les dégoûts d'un « on » toujours un peu caricatural. L'amour ne doit pas être cette maison dans laquelle nos différences disparaissent, mais bien plutôt ce temple où elles ont droit de cité, où elles sont honorées, explorées, aimées.

Nul doute que Francesca, l'héroïne de *Sur la route de Madison*, a continué, même sans vivre avec Robert, de voir les ponts de l'Iowa avec ses yeux, à travers le viseur de son appareil photo. Francesca et Robert ne sont pas devenus un couple, ils se sont quittés après une parenthèse enchantée. Ils n'ont donc pas « fusionné ». Mais ils se sont véritablement rencontrés et chacun s'est ouvert à l'autre ; même en son absence, des années après, le monde leur apparaissait encore par les yeux de l'autre.

Émilie du Châtelet et Voltaire, la rencontre continuée

Au siècle des Lumières, Émilie du Châtelet et Voltaire nous ont offert un bel exemple de rencontre amoureuse vécue comme une longue expérience de l'altérité. Elle est une aristocrate, lui un bourgeois. Elle est une scientifique – elle traduira pour la première fois en français les *Principes mathématiques* d'un savant alors quasiment inconnu : Newton. Lui est philosophe et dramaturge – il trouvera auprès d'Émilie du Châtelet l'occasion de mieux comprendre la physique et les mathématiques. « J'étudie la philosophie de Newton sous les yeux d'Émilie, qui est à mon gré encore plus aimable que Newton », écrit Voltaire à Maupertuis. Les deux amants partagent la même passion de l'étude, et cette manière d'être aussi talentueux dans la frivolité que dans le sérieux. Mais c'est surtout dans l'approfondissement de leurs différences qu'ils vont s'aimer quatorze ans durant, dans ce château de Cirey appartenant au mari d'Émilie, flatté d'héberger un esprit aussi brillant que Voltaire et faisant peu de cas de la liberté d'une femme épousée à dix-neuf ans lors d'un mariage de raison. Quatorze années bien remplies : des journées consacrées à l'étude et aux discussions, des dîners mondains où se pressaient aussi bien Maupertuis que Richelieu, des représentations des pièces de Voltaire dans le théâtre aménagé par ses soins, des nuits d'amour enfin, une fois la soif de savoir rassasiée et le calme revenu. Quatorze années à découvrir le monde par d'autres yeux que les siens.

Au début de leur histoire, Voltaire ne comprend pas les ressorts véritables de l'acharnement d'Émilie du Châtelet au travail, cette passion pour les sciences qui lui coûte des nuits blanches, menace sa santé, mais fera d'elle la seule femme du XVIIIe siècle élue à l'Académie des sciences de Bologne. Il va découvrir que son investissement dans les mathématiques et la physique relève d'un combat féministe. Puisqu'une femme au XVIIIe ne peut prétendre gouverner son pays, ni le défendre, puisque les salons littéraires sont tenus par des mondaines préférant les persiflages à la littérature, il ne reste à une femme d'ambition que la voie de la science. Émilie du Châtelet le résume dans son *Discours sur le bonheur* : « L'amour de l'étude est bien moins nécessaire au bonheur des hommes qu'à celui des femmes. Les hommes ont une infinité de ressources pour être heureux, qui manquent entièrement aux femmes. Ils ont bien d'autres moyens d'arriver à la gloire, et il est sûr que l'ambition de rendre ses talents utiles à son pays et de servir ses concitoyens, soit par son habileté dans l'art de la guerre, ou par ses talents pour le gouvernement, ou les négociations, est fort au-dessus de celle qu'on peut se proposer pour l'étude ; mais les femmes sont exclues, par leur état, de toute espèce de gloire et quand, par hasard, il s'en trouve quelqu'une qui est née avec une âme assez élevée, il ne lui reste que l'étude pour la consoler de toutes les exclusions et de toutes les dépendances auxquelles elle se trouve condamnée par état. » Au contact d'Émilie du Châtelet, Voltaire découvre un autre point de vue sur le savoir et l'ambition, sur son époque aussi, un autre point de vue sur le monde, celui d'une femme, d'une féministe – une des premières de l'histoire de France.

Cette expérience de l'altérité se joue également sur le terrain des mœurs : la « divine Émilie » est volontiers volcanique. Elle a des besoins qu'un seul homme ne peut satisfaire, et demande parfois à Maupertuis ou à d'autres de venir la rejoindre lorsque Voltaire est retourné à son travail. Voltaire est issu d'une bourgeoisie pour laquelle la femme doit tout entière se dédier à son foyer, ses enfants, son mari. Comme d'autres femmes de l'élite aristocratique, Émilie du Châtelet veut embrasser le vent de liberté qui souffle sur le siècle, s'enivrer de tous les savoirs et de tous les plaisirs. Elle aime Voltaire, mais elle ne lui appartient pas. Pour l'auteur de *Candide*, cette expérience de l'altérité est d'abord douloureuse. On pourrait presque parler d'un choc de décentrement tant le changement de point de vue est ici radical. Émilie du Châtelet est bien plus qu'une femme savante : elle est une femme puissante, libre, passionnée par les travaux de Newton ou de Locke ainsi que par les pierres précieuses ou les jeux d'argent. Cela lui prendra un peu de temps et demandera beaucoup d'amour, mais Voltaire parvient à adopter son point de vue : il finit par accepter – et même par chérir – la liberté d'Émilie.

Enfin, cette expérience de la différence se joue évidemment sur le terrain des idées. Émilie du Châtelet est optimiste au sens de Leibniz – un optimisme qui cherche dans les mathématiques la justification d'un Dieu qui aurait créé « le meilleur des mondes possibles ». Cette manière de voir les choses du point de vue du tout, de relativiser la part du négatif dans le « meilleur des mondes possibles », ne correspond pas du tout à la vision voltairienne. Critique à l'égard des religions, préférant l'ironie aux dogmes, les textes courts aux grands systèmes, Voltaire n'apprécie pas l'optimisme leibnizien. Il va conserver sa position tout en s'efforçant de comprendre celle de sa maîtresse.

On peut lire *Candide* à la lumière de cette différence entretenue et débattue avec elle. En visant dans ce conte cruel l'optimisme de Leibniz, il atteint évidemment celui de sa maîtresse. Les scènes de violence défilent (batailles sanglantes, tremblements de terre, viols...) tandis que revient la phrase de Leibniz : « Tout est pour le mieux dans le meilleur des mondes possibles. » Voltaire use de l'hyperbole pour ridiculiser une tendance à l'optimisme propre à la philosophie occidentale ; il n'a donc pas fait sienne la conception du monde d'Émilie du Châtelet. Mais on devine qu'elle a essayé de le convaincre ; on imagine leurs discussions au château de Cirey. Certains des arguments d'Émilie ont dû porter, avant d'être rejetés. Sans son amour pour elle, sans cet intérêt pour une autre vision que la sienne, Voltaire n'aurait peut-être pas envisagé d'accorder le moindre crédit à l'optimisme leibnizien ; il n'aurait peut-être jamais écrit *Candide*. On peut découvrir le point de vue de l'autre sans nécessairement le faire sien.

De même, pour Émilie du Châtelet : quatorze ans à essayer de se mettre à la place de Voltaire, embastillé à deux reprises, bastonné comme un vulgaire roturier par les valets de Rohan-Chabot, contraint bien souvent de fuir Paris, obligé à l'exil en Angleterre, incapable de mettre de l'eau dans son vin, de tempérer sa liberté de penser pour préserver sa sécurité et leur bonheur. Les *Lettres philosophiques* de Voltaire déplaisent fortement au pouvoir, et un peu aussi à Émilie. Habituée de toutes les cours d'Europe et de tous les salons, elle découvre une forme de radicalité qui lui échappe. Elle reste éveillée des nuits entières, inquiète, sans savoir ce qu'il advient de l'homme qu'elle aime. Mais peu à peu, elle parvient à se mettre à sa place : il ne ressemble pas à ces aristocrates avec lesquels elle a grandi, confortablement installés sur des siècles de domination sociale ; il a tout à prouver et pas de temps à perdre. De retour d'Angleterre, Voltaire est encore plus critique à l'égard de la monarchie française, il écrit avoir découvert le pays de la tolérance, un pays qui ne ressemble en rien à la France. Émilie n'est pas devenue aussi radicale que lui, mais elle le comprend mieux ; elle trouve même une certaine beauté à sa radicalité. Platon avait raison : sans aimer, comment parvenir à expérimenter d'aussi près la différence de l'autre ?

Sublime dénouement : à la mort d'Émilie, bien après la fin de leur histoire d'amour, Voltaire travaille à la reconnaissance de l'imposant travail de sa maîtresse, une traduction des *Principes mathématiques* de Newton assortie d'un commentaire constituant une œuvre à part entière. Le philosophe bataille pour sa publication alors qu'il est en désaccord avec certaines thèses développées dans cet ouvrage. Même mort, l'autre peut encore continuer à nous faire vivre cette expérience de l'altérité.

N'est-ce pas également le propre d'un grand texte, d'un grand tableau, d'un grand film ? Nous arracher à notre position habituelle de sujet, nous montrer que le monde peut être observé et expérimenté autrement, vu par d'autres yeux, perçu par d'autres sensibilités ? Nous permettre d'assister, sous le pinceau du peintre, sous la plume de l'écrivain, à travers la caméra du réalisateur, à la naissance d'un monde ?

« *D'autres vies que la mienne* »

Chacun de nous a déjà vécu cette expérience au contact d'une œuvre d'art, d'un tableau, d'un roman, d'un film… L'une de mes dernières expériences de décentrement est survenue à la lecture d'un livre d'Emmanuel Carrère, *Le Royaume* : il y raconte comment, athée depuis toujours, il a traversé quelques années de foi, découvrant pour un temps « le royaume » de Dieu, ou plutôt de Jésus, avant que cette foi ne s'en aille comme elle était venue. Plongé dans ce livre foisonnant, fascinant, à la fois enquête sur la vie du Christ et réflexion personnelle sur une expérience mystique, je m'étais retrouvé moi aussi à douter de l'inexistence de Dieu, à envisager le monde comme l'envisage un vrai chrétien : un matin, la disparition du corps de Jésus de son tombeau a créé une césure dans l'Histoire. Le royaume de Dieu ne se situe aucunement dans l'au-delà, mais bien ici et maintenant. Moi-même athée, ou du moins agnostique, je n'avais jamais touché d'aussi près la réalité de la foi chrétienne. Le premier pas consiste à croire en la résurrection du Christ, à croire que le corps de Jésus n'a pas simplement été volé, et la vie tout entière s'en trouve transfigurée. Il suffit, pour que tout change, d'accueillir la Bonne Nouvelle de l'Évangile : Christ est ressuscité. Le temps de cette lecture, j'ai cessé de percevoir le monde comme un Occidental rationnel, un sceptique amoureux de son doute. J'ai fait en moi une place à un mystique dont je ne soupçonnais pas l'existence, et j'ai commencé à voir le monde avec ses yeux, à ressentir les choses avec son cœur. Bref, j'ai rencontré un livre et, au travers de ce livre, son auteur. Aujourd'hui encore, il reste de la place en moi pour le mystique, et peut-être le chrétien, que cette lecture m'a autorisé à accueillir. Je ne suis pas devenu croyant, l'empreinte laissée par cette lecture s'est estompée, mais pas totalement. Ainsi la rencontre de ce livre, l'expérience esthétique vécue pendant quelques mois ont repoussé les frontières de mon intériorité : je me suis ouvert à d'autres visions que la mienne, pour reprendre le titre d'un autre livre d'Emmanuel Carrère, *D'autres vies que la mienne*, où il est aussi question d'expérimenter l'altérité. L'auteur mène à Paris une vie de privilégié, mais il va redécouvrir le monde avec d'autres yeux, ceux d'un couple ayant perdu leur enfant dans un tsunami, et ceux des hommes et des femmes sur qui se referme le piège du surendettement. Le titre de ce très beau roman résume à lui seul le propos de ce chapitre : te rencontrer, c'est comprendre qu'il est *D'autres vies que la mienne.*

S'il faut, comme l'écrit Platon, aimer pour philosopher, aimer pour réussir à adopter le point de vue de l'autre, alors il n'y a peut-être pas seulement l'amour ou l'amitié qui nous rendent capables de faire l'expérience de l'altérité, mais également l'amour des livres, des œuvres capables de nous ouvrir les yeux, et cet amour particulier, plein de gratitude, que nous avons pour leurs auteurs. J'ai aimé *Le Royaume* d'Emmanuel Carrère comme j'ai aimé *D'autres vies que la mienne* ou même *L'Adversaire* ou *Limonov* : j'ai aimé, chaque fois, assister à la naissance d'autres mondes que le mien.

6

J'ai changé

Quand l'autre fait de moi quelqu'un d'autre

L'expérience de l'altérité finit tôt ou tard par produire des effets : plus encore que découvrir ton point de vue, je change à ton contact. J'ai pris une nouvelle voie, modifié quelques-unes de mes habitudes, de mes opinions également, mes goûts ont évolué, et dans certaines situations je ne réagis plus de la même façon – bref j'ai changé. En mieux ou non, qu'importe. La preuve la plus tangible que je t'ai rencontré est là : je mène différemment la barque de mon existence.

Camus a constaté combien sa rencontre avec Maria Casarès, et la passion de douze ans qu'ils ont vécue, l'avait transformé. Comédienne, fille du chef du gouvernement de la République espagnole, exilée en France à la suite de l'arrivée au pouvoir de Franco, Maria Casarès a partagé la scène avec Michel Bouquet, Jean Vilar ou encore Gérard Philipe. Parcourant les mille pages de leur correspondance, on comprend que Camus avait en lui des « possibles » – une propension à la tendresse, une capacité à se concentrer sur un être et à cesser de s'éparpiller, une manière de dire oui à la vie – qu'il n'aurait sans doute pas actualisés sans l'amour de Maria Casarès. De cette rencontre, qui eut lieu le 6 juin 1944, jour du débarquement allié, Camus écrit qu'elle l'a remis sur pied : « Tu es entrée par hasard dans une vie dont je n'étais pas fier, et de ce jour-là quelque chose a commencé de changer. J'ai mieux respiré, j'ai détesté moins de choses, j'ai admiré librement ce qui méritait de l'être. Avant toi, hors de toi, je n'adhérais à rien. Cette force, dont tu te moquais quelquefois, n'a jamais été qu'une force solitaire, une force de refus. Avec toi, j'ai accepté plus de choses. J'ai appris à vivre. C'est pour cela sans doute qu'il s'est toujours mêlé à mon amour une gratitude immense. » En parcourant leur correspondance, nous sommes tentés de relire certaines de ses œuvres à la lumière de sa rencontre avec Maria. *L'Homme révolté* notamment, publié en 1951 mais écrit quelques années plus tôt, dans les premières années de leur passion. L'homme révolté est capable de dire non à l'injustice, à l'inacceptable, il ne le dit pas simplement en son nom, mais au nom de la totalité des existences. Ce qu'il ne peut accepter, il pense qu'aucun homme ne devrait l'accepter. « C'est au nom de tous les hommes que l'esclave se dresse », écrit Camus. Mais il insiste sur le fait que ce non à l'injustice s'accompagne toujours d'un grand oui à la vie. En disant non à l'inacceptable, l'homme révolté acquiesce à la vie telle qu'elle devrait être : son pouvoir de refus est en même temps une force de consentement. Le nihiliste n'est donc pas un véritable homme révolté. Sans la rencontre de Camus avec Maria Casarès, l'homme révolté aurait probablement été essentiellement un homme du non, une figure du refus, et non ce philosophe de l'espoir, de l'affirmation, ce guide si précieux et profond.

Camus écrit à Maria cc qu'il lui doit : « Tu ne t'es pas rendu compte que tout d'un coup j'ai concentré sur un seul être une force de passion qu'auparavant je déversais un peu partout, au hasard, et à toutes les occasions. » L'écrivain avait la réputation d'être « un homme à femmes ». Il en a probablement croisé beaucoup, mais Maria est la seule à qui il écrivit cinq cents lettres. Les autres, il ne les a pas rencontrées de la même manière que Maria, il n'a pas changé à leur contact. Auparavant, il « déversai[t] un peu partout » sa force de passion. Grâce à Maria, il la « concentre sur un seul être », il se révèle capable de prendre soin de ce qui lui est précieux au lieu de se disperser. Accumuler les conquêtes est narcissiquement plaisant et source de plaisirs. Avec Maria Casarès, il découvre un amour différent, davantage tourné vers l'autre, capable de s'installer dans la durée et de nourrir un bonheur qui ne se réduit pas au plaisir. Cette temporalité est nécessaire pour se découvrir et découvrir l'autre. La belle correspondance entre Camus et Maria nous donne aussi à voir ce que nous constatons bien souvent dans nos tchats actuels : il est possible d'entretenir une histoire d'amour à distance, de faire vivre un lien malgré l'éloignement géographique ou l'impossibilité de se retrouver physiquement. Finalement, sur la totalité de leur histoire, Albert Camus et Maria Casarès se seront peut-être plus écrit que vus. Certaines lettres montrent que le souvenir d'instants vécus, pourvu qu'il soit évoqué, raconté, alimenté, en partie réinventé parfois, est capable de les égaler en intensité.

Don Juan, lui, ne change pas : séduisant toutes les femmes, il n'en rencontre aucune. Pour un séducteur tel que lui, ou comme semble l'avoir été Camus dans une moindre mesure, toutes les femmes se ressemblent, elles lui tendent le même miroir dans lequel s'admirer. Peut-être d'ailleurs le séducteur a-t-il peur de l'amour, de la vraie rencontre, précisément pour cette raison : il s'aime trop pour désirer changer. À moins que ce ne soit le contraire : il ne s'aime pas, mais croit impossible de devenir quelqu'un d'autre. Dans les deux cas, la rencontre ne l'intéresse pas ; il demeure identique à lui-même.

On entend souvent dire qu'être aimé, c'est avoir la chance de l'être tel que nous sommes : celui ou celle qui nous aime vraiment nous accepte alors avec nos forces et nos fragilités, sans vouloir que nous soyons différent. C'est probablement vrai. Mais se sentir aimé de la sorte peut aussi nous donner la force d'affronter nos démons et finalement de changer.

Dans son *Éthique à Nicomaque*, Aristote donne une jolie définition de l'amitié : un ami, c'est quelqu'un qui *nous rend meilleur*. L'ami n'est pas simplement celui sur qui nous pouvons compter, ou à qui nous pouvons confier nos doutes et nos craintes. Il est cette opportunité – ce *kaïros* en grec – grâce à laquelle nos dispositions potentielles vont se réaliser, grâce à laquelle notre « puissance », entendue comme champ de possibles, va devenir effective, « s'actualiser ». Nous pouvons même être en rivalité avec cette personne, ou ne la voir que de manière épisodique, elle est notre ami au sens d'Aristote si la relation que nous entretenons avec elle nous permet de nous développer.

Ainsi sont nos amis, un professeur dont les cours éveillent en nous un appétit de savoir nouveau ou l'envie d'emprunter une voie que nous n'avions pas envisagée, un thérapeute qui nous permet de nous délivrer de nos symptômes et de relever la tête, un collègue aux côtés duquel nous avons traversé une crise et qui nous a aidé à tenir… Notre amour peut également être notre ami au sens d'Aristote. Camus ne reconnaît-il pas que sa rencontre avec Maria l'a fait progresser, l'a rendu plus fier de sa vie, moins prompt à la détestation, plus ouvert à l'admiration ? Cette force d'approbation se trouvait déjà en lui, mais la rencontre avec Maria lui a permis, pour employer les termes d'Aristote, d'« actualiser cette disposition ». Il ne s'est pas simplement ouvert à la vision du monde de Maria, il a fait évoluer la sienne. Lorsque nous changeons au contact des autres, nous comprenons combien nous avons besoin d'eux pour devenir nous-mêmes. Un effroi nous saisit d'ailleurs à cette idée : si nous ne rencontrons pas les bonnes personnes, se pourrait-il que nous mourions inachevé, inaccompli ?

Éluard et Picasso, une amitié sublime

Picasso est la figure de l'artiste accompli : créateur hors norme, il incarne une forme de puissance dont on ne voit pas bien, au premier abord, ce qu'elle pourrait devoir à l'autre. Pourtant, sans sa rencontre avec Éluard, il n'aurait pas été le même, sa vie et ses œuvres auraient été différentes. Se plonger dans l'histoire de cette « amitié sublime » entre Éluard et Picasso – ainsi que l'a qualifiée Éluard – permet de comprendre qu'il en est des rencontres amicales comme des rencontres amoureuses : elles aussi ont le pouvoir de nous ouvrir à d'autres dimensions de nous-mêmes.

Parmi les nombreuses amitiés de Picasso, celle d'Éluard occupe une place à part. Ses autres amis, Cocteau le premier, étaient au service du maître. Ils admiraient Picasso davantage que l'inverse. La relation avec Éluard était différente. Ils se croisaient depuis les années vingt, le poète collectionnait les tableaux du maître, et le peintre fréquentait les surréalistes, dont Éluard est une figure majeure. Mais ils ne se rencontrent vraiment qu'en 1934. Le peintre s'attache alors à Éluard comme jamais il ne s'est lié à quelqu'un. Picasso est un licencieux à la sensualité guerrière, conquérante. Éluard est un idéaliste, un pacifiste à la conscience politique aiguë. Picasso fait au contact d'Éluard une expérience de l'altérité dont il va sortir transformé, sur le plan intime comme sur le plan artistique.

Le génie artistique de Picasso est universellement encensé. Mais Picasso s'est toujours rêvé poète. Pour le peintre du *Portrait de Dora Maar* ou du *Portrait de Nusch Éluard*, la poésie est l'art majeur ; il la place au-dessus de tout. Face à l'auteur de *Capitale de la douleur*, le géant se sent soudain petit : aux côtés d'Éluard, Picasso n'est plus ce monstre imposant, mais un poète amateur, peut-être même contrarié. Il s'émerveille de la manière dont Éluard produit en quelques mots des images fulgurantes, des visions, que, comme lui, il *donne à voir*, mais dans le genre artistique suprême. Il vit cette admiration sans aucune rivalité, dans une fascination éblouie. Éluard ressent d'ailleurs la même chose. Lui aussi a l'impression de réapprendre à voir au contact de Picasso, comme il le laissera entendre dans ce panégyrique en six parties dédié « À Pablo Picasso » en ouverture du recueil *Donner à voir*, paru en 1939 : « *Tout renaît sous tes yeux justes / Et sur les fondations des souvenirs présents / Sans ordre ni désordre avec simplicité / S'élève le prestige de donner à voir.* » Éluard affirmera avoir été « heureux de vivre au XXe siècle » parce qu'il a pu « y rencontrer Picasso ».

Par ailleurs, l'amour de la peinture de Picasso est indissociable de son amour des femmes. La peinture « n'est jamais chaste », répétait souvent celui qui collectionnait les muses et les modèles, les épouses et les maîtresses, les prostituées et les égéries, et qui était un séducteur cruel, infidèle mais jaloux, d'une possessivité maladive. Picasso a besoin des femmes : il s'en sert pour créer. Elles sont instrumentalisées, bien souvent « consommées » ; il agit comme si elles lui appartenaient. Mais avec Éluard, il rencontre sa femme, Nusch, muse des surréalistes, qui devient l'un de ses modèles. Il apprend à la regarder avec des yeux qui ne sont pas ceux d'un ogre possessif. Il s'astreint à peindre la femme d'un autre, son plus proche ami de surcroît, et découvre qu'une femme peut poser pour lui sans être à lui : Picasso se révèle capable d'adorer sans dévorer. Éluard écrit dans une lettre à Roland Penrose : « Picasso peint de plus en plus comme Dieu ou le diable des portraits de Nusch adorables, merveilleux. Il a été un des rares peintres à se conduire comme il faut, et il continue. »

Dans le « je » de Picasso, la rencontre avec Éluard induit ainsi un « jeu » nouveau, à l'image d'un jeu dans une fenêtre ou une charnière, un mouvement au cœur de son « être », de son identité, ce qui est d'autant plus intéressant dans le cas d'un homme comme Picasso qui aurait pu, grâce à son succès, rester figé dans son être. Mais le peintre n'a rien de commun avec le personnage de Sartre dans *La Nausée*, le docteur Rogé, cet homme plein de lui-même, suffisant, incapable de s'arracher à « l'enflure de son être ». Les différentes périodes de la peinture de Picasso témoignent au contraire d'une étonnante plasticité. Sa rencontre avec Éluard va lui permettre de découvrir de nouvelles dimensions de sa personnalité, jusqu'à le faire changer : Picasso devient un artiste engagé.

Tout entier tourné vers son art, vers l'énigme de la couleur et des formes, vers la puissance sensuelle des femmes qui lui servent de modèles, il n'y a, jusqu'en 1934, pas de place dans sa vie pour la question politique. Attiré par les surréalistes, il s'est toujours senti étranger à leur engagement, à ce dogmatisme qui lui semble une faute de goût. Mais lorsque Éluard lui parle du communisme, seul rempart contre le fascisme, lorsque le poète évoque un combat pour la paix qui pourrait être aussi bien esthétique que politique, il se surprend à y être sensible.

En novembre 1936, les troupes franquistes cherchent à soumettre Madrid par des bombardements et un blocus alimentaire : la population madrilène résiste avec panache, on assiste dans la ville à des combats au corps à corps. Éluard publie dans *L'Humanité* un poème intitulé *Novembre 1936*. Pour Picasso, c'est le déclic, indissociable de son admiration pour la poésie de son ami. Le peintre comprend qu'il peut lui aussi mettre son art au service de la lutte. Le 27 avril 1937, la petite ville de Guernica est bombardée, détruite par les avions allemands alliés à Franco. À la demande du poète, Picasso en fait le thème de l'œuvre qu'il prépare pour l'Exposition internationale de Paris. Éluard compose un poème pour accompagner le tableau géant, mais il est convaincu que la peinture, face à cette tragédie, sera plus efficace que la poésie ; il faut un choc visuel pour déclencher une prise de conscience. Le tableau le plus connu de Picasso est ainsi le fruit d'une amitié ; son origine trouve même naissance chez l'autre. En 1937, Picasso peint *La femme qui pleure*, un portrait de Dora Maar, sa maîtresse, conçu comme un post-scriptum à *Guernica* ; les larmes de Dora y symbolisent les ravages de la guerre et des bombardements. Picasso a toujours peint des corps et des visages de femmes, mais maintenant qu'il partage le combat de son ami, il donne un sens politique à un portrait de femme. Sans cette rencontre avec Éluard – qui lui a également présenté Dora Maar –, il n'aurait sans doute jamais pris ce virage politique. Le 5 octobre 1944, une annonce paraît dans *Libération*, préparée par Éluard lui-même : « Picasso, le plus grand peintre de l'époque, adhère au parti communiste. »

Éluard meurt en 1952 d'une crise cardiaque. C'est la première fois que l'on voit Picasso pleurer en public. À ce sujet, Claude Roy écrit : « Le lendemain des obsèques, il y a quelques amis qui parlent à mi-voix dans la pièce à côté. Picasso sort des feuilles de papier et se met à dessiner. Il entreprend un thème qu'il va reprendre en une suite de portraits de son ami. Nous restons silencieux. On entend le frottement du crayon et du fusain sur le papier Canson. “Fermez la fenêtre, dit Picasso, il fait presque froid." Je n'ai jamais connu Picasso frileux. » Picasso était réputé dur en amour autant qu'en amitié. Mais dans sa relation à Éluard, il a su montrer un autre visage : celui d'un homme qui pleure en public la perte de son ami. Le changement opéré en Picasso par sa rencontre avec Éluard se dévoile aussi dans cette ouverture à sa propre vulnérabilité. L'homme de feu, habitué à passer l'hiver en tee-shirt, découvre qu'il peut avoir froid. Le créateur débordant d'idées, de désir découvre le vide laissé par la mort de son ami.

Telle est la véritable force de la rencontre : une puissance de changement. Camus, rencontrant Maria Casarès, a vu s'inverser en lui le rapport de l'approbation et de la détestation. Picasso, rencontrant Éluard, s'est autorisé à redevenir simplement Pablo.

Je songe en écrivant ces lignes à l'un de mes amis qui a changé de vie. Auparavant directeur des ressources humaines d'une grande entreprise, on lui a diagnostiqué un cancer du larynx, mais plus que la maladie peut-être, c'est sa rencontre avec son médecin qui l'a marqué. Il a réalisé que son métier n'avait plus de sens pour lui. Il s'en doutait déjà, mais c'est au contact de ce médecin qu'il a été amené à l'admettre et à en tirer les conséquences. Le fait de voir régulièrement un homme de son âge consacrer ses journées et son intelligence à une noble mission l'a amené à reconsidérer sa propre situation. Le métier de DRH peut être noble, mais il l'exerçait dans de mauvaises conditions. La direction l'obligeait à concevoir les salaires comme un coût et les emplois comme des variables d'ajustement. Avait-il fait de longues et prestigieuses études pour en arriver là ? Cette idée lui devint insupportable. La maladie et la peur de mourir ont sans doute contribué à sa prise de conscience. Mais tous les malades ne changent pas. Nombreux, une fois guéris, reprennent leur vie d'avant exactement où ils l'avaient laissée. Sans la rencontre de ce médecin, aurait-il retrouvé son poste de DRH ? Il m'a raconté combien il a été marqué par leurs discussions, par la qualité de présence du cancérologue lorsqu'il lui rendait visite, même quelques minutes, dans sa chambre d'hôpital, par la délicatesse avec laquelle il a su lui annoncer les mauvaises nouvelles, et les bonnes aussi. Bref, il a fait l'expérience d'une vraie rencontre. Son admiration pour ce médecin lui a donné envie de devenir meilleur. Une singularité, affirme Nietzsche, est « un pont tendu » vers une autre singularité… Une fois en rémission, la décision s'est imposée à lui : changer de voie, de métier, de vie. Il lui a semblé préférable d'employer ses journées à instruire les autres plutôt qu'à les licencier. Il a passé le Capes et est devenu professeur de lettres.

« *Les transformations silencieuses* »

Tous les changements ne sont toutefois pas si manifestes. Tous ne relèvent pas de bouleversements, de révélations, de conversions ou de métamorphoses. Certains s'apparentent à ce que François Jullien appelle des « transformations silencieuses » : le changement se produit alors de manière quasi imperceptible, inconsciente parfois, du moins au début, par sédimentations successives, jusqu'au jour où, soudainement, se mesure le chemin parcouru.

La lecture de *L'Étranger* de Camus ne m'a pas changé d'un coup, mais je sais aujourd'hui, avec le recul, qu'elle est à l'origine d'un processus de transformation silencieuse, nourri par la suite d'autres rencontres, d'autres expériences. Parce que j'ai lu *L'Étranger* lorsque j'avais quinze ans, et relu plusieurs fois depuis, découvert également *Noces* et *L'Été*, ébloui par l'écriture de Camus et ce soleil d'Algérie dont chaque page rayonne, parce que j'ai trouvé dans ces courts textes un accès au pays d'origine de ma mère dont j'avais finalement peu entendu parler, je n'ai aujourd'hui plus le même rapport au soleil, à l'été, ni même je crois à l'adversité. Je crois pouvoir dire que les rayons du soleil rencontrent ma peau, mon front, d'une manière différente depuis que j'ai rencontré ces chefs-d'œuvre de Camus. Depuis, notamment, que j'ai lu ces quelques lignes de *Noces* : « À certaines heures, la campagne est noire de soleil. Les yeux tentent vainement de saisir autre chose que des gouttes de lumière et de couleurs qui tremblent au bord des cils. » Et, un peu plus loin : « Il me faut être nu et puis plonger dans la mer, encore tout parfumé des essences de la terre, laver celles-ci dans celle-là [...]. Sur le rivage, c'est la chute dans le sable, abandonné au monde, rentré dans ma pesanteur de chair et d'os, abruti de soleil, avec, de loin en loin, un regard pour mes bras où les flaques de peau sèche découvrent, avec le glissement de l'eau, le duvet blond et la poussière de sel. » Difficile de savoir pourquoi l'écriture de Camus m'a touché à ce point. Peut-être me parlait-elle en effet du pays de ma mère, peut-être étais-je trop « intellectuel », un enfant de la ville qui ignorait trop son corps, ses sens… Une chose est sûre : il a fallu que je lise Camus pour voir dans le soleil autre chose qu'un fait météorologique. Avant de rencontrer Camus, le soleil était ce dont il fallait se protéger avec une casquette et de l'écran total. Après, je trouverai en lui un allié pour les temps difficiles ; j'apprendrai à voir le monde dans sa lumière qui ne ment pas. Bref, j'ai rencontré le soleil grâce à Camus. J'ai découvert dans ses livres ce que j'expérimenterai plus tard et qui deviendra presque une éthique de vie : s'efforcer de rester solaire jusque dans les mauvaises passes, malgré les déconvenues ou les blessures ; aimer la vie quand bien même elle n'aurait aucun sens. J'écrirai d'ailleurs un roman – *La Joie* –, pour rendre compte du changement opéré en moi par la lecture de *L'Étranger*.

Parce que j'ai accepté l'invitation à voyager dans *Le Royaume* proposée par Emmanuel Carrère, je n'entre plus dans une église de la même façon, et lorsque le soleil transperce les vitraux, je ne lève plus les yeux vers eux de la même manière. Je n'écoute plus de la même oreille les croyants qui me parlent de leur foi. Avant, j'y voyais le symptôme de cette régression infantile diagnostiquée par Freud, j'y entendais surtout le besoin d'être rassuré. Depuis que j'ai lu *Le Royaume*, je me demande comment la découverte de la Bonne Nouvelle de l'Évangile les a traversés, a transfiguré leur existence. Je les regardais avec moquerie, je les observe désormais avec curiosité, peut-être même avec une pointe d'envie.

Le monde de Camus est un monde sans Dieu, *Le Royaume* de Carrère est plein du mystère de Jésus, chacun à leur manière, tous deux m'ont nourri, transformé, silencieusement d'abord, puis de plus en plus bruyamment, jusqu'à ne plus me laisser d'autre choix que d'entendre l'évidence : il y a en moi assez de place pour un mystique qui lève les yeux au ciel et un athée qui les referme, les sourcils et les cheveux encore pleins du sel de la mer, pour mieux sentir la brûlure du soleil.

Le désir de reconnaissance

La philosophie de Hegel nous aide à comprendre pourquoi la rencontre de l'autre a le pouvoir de nous changer. Dans sa « dialectique du maître et de l'esclave », il oppose le maître à l'esclave d'une manière au premier abord surprenante. Même si le maître commande, il est, d'après l'auteur de *La Phénoménologie de l'esprit,* enfermé dans le cercle clos et narcissique de son autorité, de sa subjectivité. Ne rencontrant aucun autre maître, aucun alter ego, et ne travaillant pas, il ne peut obtenir de reconnaissance objective de sa valeur. Sans cette expérience de l'altérité, il ne peut savoir qui il est. À l'inverse, même s'il obéit au maître, l'esclave a l'occasion de rencontrer la nature, à laquelle son travail le confronte, lequel lui permet de prendre conscience de lui-même en se reconnaissant dans ses œuvres, et des alter ego qui travaillent avec lui, par lesquels il va pouvoir être reconnu. Pour Hegel, la liberté ne peut être qu'« objective » : prouvée objectivement par des actions soumises à l'approbation des autres. L'esclave est donc « plus libre que le maître ». Ce n'est bien sûr qu'une parabole, mais elle éclaire le statut décisif de la rencontre chez les étranges animaux que nous sommes. Pour progresser, il faut rencontrer un autre que soi. C'est tout le sens de la dialectique hégélienne : une idée doit rencontrer une autre idée pour déployer toute sa puissance. Seule, sans antithèse, négation, à laquelle se confronter, une thèse ne peut vraiment s'exprimer. Il en va de même des individus. Il faut se confronter à une autre conscience pour, contre sa différence, apprendre à se situer, connaître sa valeur et progresser. Il faut rencontrer l'autre pour espérer satisfaire ce qui est, selon Hegel, notre désir le plus profond : la reconnaissance. Sans confrontation à l'altérité, comment savoir où nous en sommes, comment savoir qui nous sommes ?

Et Dieu lui-même éprouve la même nécessité. Au début de l'Histoire, au début du Temps, écrit Hegel dans ce grand récit métaphysique qu'est *La Phénoménologie de l'esprit*, Dieu n'a qu'une vague idée de ce qu'il est. Toute entité divine qu'il soit, il est habité, écrit élégamment Hegel, par « l'esprit de l'inquiétude » : il veut savoir qui il est. Aussi va-t-il créer son « autre », ce qui lui est le plus opposé, la Nature, pour la placer face à lui et… la rencontrer. Rien de plus opposé en effet à l'Esprit que la matière. Cet acte fondateur, par lequel Hegel repense la création du monde, se comprend à la lumière du besoin d'altérité. En rencontrant la matière, en étant confronté à la Nature, l'Esprit va prendre la mesure de sa différence et comprendre qui il est. Il va progressivement se réaliser dans cette nature, s'objectiver en elle, la *spiritualiser* : cette quête de l'Esprit par lui-même est le moteur de l'histoire de l'humanité. Voilà pourquoi l'histoire est caractérisée par un progrès : avec les siècles, l'Esprit progresse dans la conscience qu'il a de lui-même. Dieu aboutit à une meilleure connaissance de lui-même : il est la Liberté et peut se contempler dans le monde. Ce majestueux récit hégélien peut surprendre aujourd'hui, à une époque où l'idée de progrès de l'histoire est moins évidente qu'elle ne l'était au XIXe siècle, mais il nous intéresse pour ce qu'il dit de la mécanique même de la rencontre : elle est au cœur métaphysique de toute réalisation, de tout progrès. Même Dieu a besoin de rencontrer son Autre. Il ne peut en être autrement pour les hommes : sans aller vers ce qui n'est pas soi, impossible de savoir qui on est. Sans rencontrer l'autre, impossible de se rencontrer.

« Il n'y a pas d'amour, il n'y a que des preuves d'amour », écrit Pierre Reverdy avec des accents hégéliens : l'amour se prouve dans des actions, comme la belle rencontre s'évalue aux changements qu'elle produit. Être hégélien permet d'entretenir une saine vigilance à l'égard des rencontres mauvaises ou toxiques. Quand la bonne rencontre me grandit, me rend meilleur ou m'ouvre au monde, la mauvaise me diminue, m'enfonce dans la dépendance ou m'isole. Si j'ai changé, mais négativement, c'est que l'autre n'a pas éveillé la puissance de la vie en moi, mais qu'il s'agit peut-être d'une personne toxique, qui joue de ma faiblesse, me rabaisse pour jouir de son petit pouvoir. Il y a tant d'autres choses à vivre, tant de beautés qui sommeillent en nous, attendent leur heure, l'occasion de se déployer, tant d'autres rencontres possibles pour contrer celles qui me nient : le thérapeute qui nous permettra d'identifier les mécanismes de notre aliénation ou de notre dépendance, l'ami capable de nous soutenir, de nous redonner confiance, le partenaire grâce auquel nous allons nous réaliser professionnellement, l'amour qui nous révèle à nous-même digne d'être aimé.

Qu'elles soient amoureuses, amicales, professionnelles, les belles rencontres se reconnaissent à leurs effets en nous. « On voudrait que ceux qu'on commence d'aimer vous aient connu tel que vous étiez avant de les rencontrer, pour qu'ils puissent apercevoir ce qu'ils ont fait de vous », écrit Camus dans ses *Carnets*.

7

Je me sens responsable de toi
Quand l'autre me révèle ma nature morale

Le changement provoqué en nous par la rencontre peut être aussi d'ordre moral. Parce que je t'ai rencontré, parce que nous nous sommes retrouvés face à face et que j'ai été touché par ta fragilité, je suis soudain arraché à mon égoïsme naturel ou au moins à mon indifférence : je me sens responsable d'un autre que moi. Te rencontrer me révèle alors ma nature morale.

Parce que je suis tombé dans la rue sur ce SDF à la peau grêlée, que je n'ai pas détourné le regard mais engagé la conversation, qu'il m'a raconté sa chute et que j'y ai été sensible, je ne peux plus passer mon chemin dans l'indifférence. Cette rencontre me détourne de moi-même, de mes contraintes, de mes préoccupations. L'autre occupe soudain mes pensées. Je me demande s'il va dormir dans le métro ou dans un centre, s'il est préférable que je lui donne de l'argent ou un sandwich, si je ne dois pas lui offrir plus qu'un jambon beurre. Soudain, je me sens une part de responsabilité envers lui. Il est là, en face de moi, si près de moi, fort d'une certaine manière – il en a vu d'autres, dans la rue depuis quinze ans –, mais si vulnérable aussi ; ses mains tremblent, sa solitude lui pèse. Il risque de faire froid cette nuit. Dois-je l'inviter à dormir chez moi ? Lui réserver une chambre d'hôtel ? Lui donner au moins un gros pull ? Je me pose la question morale par excellence d'après Kant : que dois-je faire ?

« Répondre à quelqu'un, c'est déjà répondre de lui », écrit Levinas en une formule décisive : notre responsabilité commence dès que nous engageons la conversation avec l'autre. La question la plus anodine peut contenir une demande plus grande. Nous comprenons mieux pourquoi nous préférons parfois ne pas répondre à un SDF et ne laisser aucune chance à la rencontre : ainsi nous ne nous sentirons pas responsables de lui. Coupables, peut-être, d'avoir ainsi poursuivi notre route, tête baissée, sans un regard pour lui. Mais pas responsables de son sort.

L'injonction au respect de l'autre est au cœur de notre culture judéo-chrétienne, mais elle est souvent trop générale, trop abstraite. On apprend aux enfants que toute personne mérite le respect par son appartenance à une humanité commune, indépendamment de ses actes. On trouve chez Kant cette idée que l'humanité de l'autre doit toujours être considérée « comme une fin et jamais simplement comme un moyen », ce qui signifie que nous devons respecter autrui comme une personne même si nous avons également avec lui – parce qu'il est notre collègue, notre employé, notre client… – une relation intéressée. Mais sans la rencontre effective de l'autre, cette injonction au respect restera une belle parole, un vœu pieux. Le véritable commandement moral, précise Levinas, ne vient ni de Dieu ni de notre conscience. Il vient d'abord de l'autre, de sa présence. De cet autre qui n'a parfois même pas besoin de dire un mot mais se tient là devant moi, précaire, vulnérable, humain. Il suffit que je le rencontre : sa vulnérabilité m'oblige.

Celle du nouveau-né, par exemple, réussit immédiatement à produire cette prise de conscience : je suis ta mère ou ton père et j'ai ta vie entre mes mains. Si j'ai été ému par les petits coups de pied de mes enfants dans le ventre de leur mère, si j'ai essayé de leur parler avant de les voir, je reconnais avoir eu des difficultés à me sentir père avant leur naissance. Il m'a fallu attendre l'accouchement, et voir surgir ce petit corps fragile, apparaître ce visage, pour que soudain cette responsabilité ne fasse plus aucun doute et s'impose à moi.

Face au visage de l'autre

Levinas a écrit de très belles pages sur la peau humaine, « sans protection ». Notre peau est beaucoup plus fine que celle des autres mammifères. Il est assez facile, matériellement en tout cas, de tuer un être humain. Le premier de tous les commandements moraux – « Tu ne tueras point » – n'a de sens qu'en présence réelle de l'autre en face de moi, de son visage tourné vers moi, qui me rend responsable de sa survie. Levinas va jusqu'à évoquer une « responsabilité d'otage ». La vulnérabilité de l'autre nous prend en otage : désormais, nous n'avons plus le choix ; nous avons le devoir de prendre soin de lui. Cette formule, « responsabilité d'otage », n'est pas à entendre négativement. La responsabilité qui m'échoit me révèle ma véritable nature morale et, au fond, cette *Difficile liberté* – titre d'un livre de Levinas – qui est la mienne : celle de bien me comporter. « C'est seulement en abordant autrui que j'assiste à moi-même », écrit encore Levinas pour dire que cette rencontre de l'autre nous conduit enfin à la hauteur de notre humanité, nous hisse au niveau de notre présence pour les autres.

Levinas emploie beaucoup le mot « visage », mais ce terme désigne en fait, un peu étrangement, la totalité du corps de l'autre apparu en face de moi : le « visage » de l'autre est *tout l'autre*, dont je me retrouve totalement responsable.

Le visage du condamné, à l'heure d'être mis à mort par le bourreau, est recouvert d'un voile ou d'une cagoule. Il est de fait plus facile de tuer quelqu'un quand on ne voit pas son visage, quand on n'a pas rencontré son humanité. De même à la guerre, le casque que porte l'ennemi peut, paradoxalement mais avantageusement, favoriser sa mise à mort. Apercevoir l'autre, son humanité, c'est risquer d'hésiter, ouvrir une brèche dans mon pouvoir de tuer. Les traumatismes vécus par les soldats viennent précisément de ce qu'ils ont parfois eu le temps d'entrevoir un visage, un regard terrifié, d'entendre une voix. C'est parce qu'ils ont rencontré, même très rapidement, leurs victimes que ces images, ces sons les hantent. Ces visages leur rappellent que leurs agissements sur le champ de bataille entrent en contradiction frontale avec le premier de tous les commandements : Tu ne tueras point.

Levinas entend dans la formule de politesse « Après vous, je vous en prie » l'expression même de la posture morale. La politesse, que l'on pourrait croire superficielle, devient sous sa plume le commencement de la moralité. Cela se comprend bien si nous reprenons l'exemple de la rencontre avec le SDF. Se montrer poli envers lui, c'est déjà prendre soin de lui, se sentir en partie responsable. Rencontrer son visage, c'est ne plus pouvoir échapper à notre responsabilité d'homme. Peut-être est-ce pour cette raison que le fameux tableau de Munch, *Le Cri*, nous touche autant. Ce visage d'horreur extatique ne nous met pas simplement face à la crise d'angoisse de cet homme. Il se prend la tête entre les mains. Il ne supporte plus le bruit du monde. Il ne supporte plus sa propre existence ; il va peut-être sauter du pont. Ce cri est un appel. Ce visage nous appelle : notre angoisse naît au moins autant de sa détresse que de notre propre responsabilité.

J'ai souvent vécu cette nécessité de la rencontre pour assumer vraiment ma responsabilité de professeur. Les notes que je donne aux élèves, les appréciations que j'inscris sur leurs bulletins peuvent être décisives pour leur avenir, leur ouvrir ou leur fermer des portes. Il m'arrive de ne pas rencontrer certains élèves d'une promotion ; l'année s'est écoulée sans que nous ayons tissé de lien particulier. Dans ce cas, en remplissant les bulletins, j'emploie des termes neutres et expéditifs, comme si je me débarrassais de ma responsabilité. J'essaie de ne pas nuire à cet élève mais, ne l'ayant pas vraiment connu, je ne peux pas non plus l'aider. En revanche, lorsque la rencontre avec un élève a vraiment eu lieu, lorsque nous avons créé quelque chose ensemble, lorsque nous nous sommes surpris mutuellement, et ce quels que soient d'ailleurs ses résultats scolaires, je sens ma responsabilité et remplis les bulletins avec une tout autre attention ; je choisis mieux mes mots, suis plus précis dans les éloges, j'ai le sentiment de prendre réellement part à son avenir. On peut y voir un manquement au principe d'égalité républicaine, mais c'est ainsi. C'est lorsque j'ai vraiment rencontré cet élève dans sa singularité que je me sens assumer pleinement ma responsabilité d'enseignant. Ma seule conscience professionnelle n'y suffit pas.

Nous comprenons mieux maintenant ce qui entrave parfois notre prise de conscience écologique. Si la présence de l'autre, la rencontre me sont nécessaires à la révélation de ma responsabilité, comment la ressentir envers cet homme vivant au cœur de la forêt amazonienne, menacé par la déforestation liée à la culture intensive du soja pour notre surconsommation de viande ? Comment nous sentir responsables de l'Inuit qui observe chaque jour les effets du réchauffement climatique et voit se raréfier les ours polaires, les morses, les phoques et tous les oiseaux marins dont la survie dépend de la glace ? C'est surtout pour les enfants de nos enfants, voire pour les enfants de ces derniers, que notre sursaut écologique est vital. Mais ces générations futures ne sont pas encore nées… Comment nous sentir responsables d'êtres que nous ne rencontrerons pas, dont nous ne connaissons pas le visage ?

La Chute de Camus relate la vie gâchée d'un ancien avocat parisien, sa rencontre manquée avec son devoir. Une nuit, alors qu'il marchait dans Paris, Jean-Baptiste Clamence n'a pas porté secours à une jeune fille qui s'est jetée du pont des Arts. *La Chute*, monologue très court et extrêmement sombre, raconte une vie entière de remords, de dépression. La chute est à la fois physique et morale, et conduit Jean-Baptiste Clamence à remettre en cause sa vie précédant la nuit fatidique, celle d'un arriviste imbu de lui-même. Toutefois, en découvrant la très courte scène du drame, on réalise qu'il n'a en fait pas vraiment rencontré cette jeune fille. Il l'a croisée furtivement avant d'entendre ce qui lui a semblé le bruit d'un corps tombant dans l'eau. Il a continué à marcher sans appeler les secours et c'est cela qui le hante, autant que le fantôme de cette jeune fille. Pour lui, elle n'est qu'un fantôme, il n'a pas vu son visage, il n'a pas croisé son regard. Il ne l'a pas rencontrée au sens de Levinas ; il ne pouvait donc pas s'en sentir pleinement responsable. S'il avait vu son visage, il aurait peut-être réagi, tenté de l'arrêter. Il aurait pu lui sauver la vie. Et la sienne par la même occasion.

8

Je suis vivant
Quand l'autre me sauve la vie

Comment souligner le rôle décisif des rencontres dans nos vies sans rappeler qu'il est des rencontres qui, au sens propre, nous sauvent la vie ?

L'histoire du pianiste juif polonais Wladyslaw Szpilman, dit Wladek, évadé du ghetto de Varsovie et sauvé par un officier allemand, en donne une émouvante illustration. Quand éclate la Seconde Guerre mondiale, Wladek est le pianiste officiel de la radio nationale polonaise, une figure centrale de la vie culturelle de son pays, dont tout le monde apprécie les compositions ainsi que les interprétations de Liszt ou de Chopin. Après avoir envahi la Pologne, les nazis arrêtent les Juifs qu'ils parquent dans le ghetto de Varsovie, d'où partiront bientôt régulièrement des convois vers les camps. Alors que toute sa famille est déportée à Treblinka, Wladek y échappe en s'évadant du ghetto et en trouvant refuge chez des résistants. Mais les combats s'intensifient dans Varsovie et l'appartement dans lequel il est caché n'est plus sûr ; il doit fuir à nouveau. Après une longue errance, il réussit à accéder au grenier d'une maison éventrée par les bombardements. Il s'y terre longtemps, affamé, assoiffé, à bout de forces, devenant le plus célèbre des « Robinson Crusoé de Varsovie ». Les Allemands patrouillent, passent parfois si proches de lui qu'il entend leurs voix. Ils fouillent, crient, cherchent des Juifs, des résistants. Un officier allemand finit par le découvrir. C'est un capitaine de la Wehrmacht, Wilm Hosenfeld, qui s'est déjà illustré en imposant à ses soldats, contre l'avis de sa hiérarchie, de respecter la convention de Genève lors des interrogatoires des prisonniers. Il a aussi été saisi d'horreur en découvrant le sort réservé aux Juifs par le régime qu'il sert et dans lequel il avait placé, plus jeune, tous ses espoirs. Enfin, c'est un mélomane. Apprenant que Wladek est pianiste, il lui désigne le piano à queue recouvert de poussière. Wladek peut à peine articuler, se déplace difficilement tant il est diminué. Pourtant ses doigts courent sur le piano ; la musique de Chopin s'élève dans la grande maison en ruine. Ce pianiste juif qui joue devient le symbole des ravages de la barbarie nazie : un virtuose métamorphosé en loque, le visage creusé et les cheveux longs, vêtu de haillons. En le rencontrant, l'officier allemand prend la mesure du crime contre la beauté, contre l'humanité même, dont il se rend complice. L'Armée rouge est aux portes de Varsovie, les Allemands perdront bientôt la guerre. Wladek n'a plus longtemps à tenir, quelques semaines tout au plus, et il pourra sortir de son grenier. Au lieu de le faire prisonnier, Hosenfeld le laisse dans sa cachette et, régulièrement, vient lui apporter du pain et de la confiture, du saucisson. Il lui offrira même son manteau d'officier de l'armée allemande pour se protéger du froid. Lorsque les Russes libèrent Varsovie, les Allemands sont faits prisonniers et Wladek peut enfin sortir au grand jour ; il se retrouve au milieu de la rue, parmi les décombres, hébété. Il a oublié que son manteau est celui d'un officier allemand et manque de peu d'être abattu par des insurgés polonais, qui reconnaissent finalement l'un des leurs sous le manteau de l'ennemi. Wladek l'écrit dans son autobiographie, *Une ville meurt*, publiée pour la première fois en 1946, puis republiée en 1998 sous le titre *Le Pianiste* et adaptée au cinéma par Roman Polanski : sans cette rencontre, il serait mort de faim ou de froid. S'ils n'ont pas eu le temps de vraiment se connaître, de « faire le tour de la différence de l'autre », il s'agit néanmoins d'une vraie rencontre : non seulement elle a sauvé la vie du pianiste, mais lui et l'officier ont partagé une relation extrêmement forte en un court laps de temps. Il est des circonstances dans lesquelles la vie se condense, se ramasse, s'accélère. Après la guerre, ayant retrouvé son poste de pianiste à la radio nationale mais aucun membre de sa famille, tous déportés, Wladek tentera en vain de savoir ce qu'est devenu son sauveur. Des années plus tard, il apprendra qu'il est mort en 1952 dans un camp de prisonniers soviétique. Il n'en saura pas plus. En 2009, près de soixante ans après sa mort, Wilm Hosenfeld, capitaine de la Wehrmacht, sera reconnu « juste parmi les nations ».

Le tuteur de résilience

La rencontre peut aussi nous sauver la vie dans des circonstances moins exceptionnelles, sans acte héroïque : il peut s'agir d'un médecin diagnostiquant à temps notre mal, d'un thérapeute avec lequel une bonne « alliance » produit son effet de délivrance, ou d'une de ces personnes de notre entourage que Boris Cyrulnik nomme « tuteurs de résilience » et qui sont capables, par le soin, l'attention ou l'amour qu'elles nous portent, de nous aider à nous relever après un drame.

En découvrant chez une psychologue américaine, Emmy Werner, ce concept de *résilience*, Boris Cyrulnik a pu unifier différentes observations issues de sa pratique de psychiatre, qui allaient toutes dans le même sens : certains êtres qui ont connu « un grand fracas » et auraient dû être broyés, *fracassés* par ce choc, sont capables, sans que l'on comprenne exactement pourquoi, de trouver en eux des ressources insoupçonnées et de reprendre un développement normal. Même quand le trauma est immense, quand la cassure semble irréparable – déportation des parents alors que l'enfant est très jeune comme dans le cas de Boris Cyrulnik lui-même, scènes de violence ou de barbarie comme lors des guerres tribales au Rwanda, misère sociale réduisant l'enfant à un état quasi animal, meurtre d'un des parents sous les yeux de l'enfant… –, certains sujets parviennent à se relancer dans l'existence, à démarrer une nouvelle vie. Si une telle résilience demeure en partie énigmatique, de nombreux facteurs favorables ont pu être identifiés : la qualité de « l'échafaudage précoce » du résilient (les soins et l'amour reçus avant le trauma, lors des premiers mois de son existence), la mise en place de mécanismes de défense (rêverie, déni, clivage…) qui pourront se révéler problématiques mais protègent de la violence du choc, la capacité à produire un récit supportable de son trauma, la découverte d'activités permettant de se confronter à son passé d'une manière indirecte ou d'en sublimer la violence (écriture, musique, théâtre...) et, surtout, la rencontre d'un « tuteur de résilience ». Une telle rencontre est présentée par Emmy Werner comme par Boris Cyrulnik comme le facteur le plus important : non seulement il conditionne souvent les autres, mais il arrive même qu'aucun des autres facteurs ne soit présent et que la rencontre d'un tel tuteur suffise, à elle seule, à sauver un être du fracas qui aurait pu l'emporter. N'importe qui peut *a priori* se révéler un tel tuteur : un(e) parent(e), un(e) éducateur(trice), un(e) psychologue, un(e) enseignant(e), un parrain ou une marraine... N'importe qui, pourvu qu'il ou elle soit capable de ces choses en apparence simples, mais en vérité si rares : ne pas juger, ne pas enfermer l'autre dans son passé, voir en lui la promesse et ne pas le réduire à une victime, prendre du temps avec lui, être conscient que la route sera longue et émaillée de rechutes, croire en lui mais sans trop en exiger, n'être ni pressé ni pressant, être là pourtant, attentif, affectueux, capable aussi de plaisanter, de parler de choses et d'autres, bref faire preuve, au sens propre, de bienveillance, de cette forme d'amour relevant selon le grand psychologue américain Carl Rogers de « l'acceptation inconditionnelle de l'autre ». Alors naît l'espoir d'un petit miracle : que l'autre se sente libéré de son « essence » d'orphelin, de son « destin » de rescapé d'un massacre, de son statut de « victime » de violence familiale, et s'autorise à vivre normalement. Son goût pour la vie revient alors, petit à petit, au travers d'activités concrètes (jouer aux billes, au tennis, lire des livres, s'inscrire au rugby, aller au cinéma...), rien que de très ordinaire, mais dont la saveur est extraordinaire lorsqu'on la redécouvre ou qu'on ne l'a jamais connue. Grâce à ce tuteur, grâce à cette confiance en l'autre, grâce à cet intérêt que le tuteur va savoir éveiller pour des pratiques ou des savoirs, le sujet traumatisé va retrouver peu à peu confiance en lui, en son avenir, en la vie même, et devenir résilient.

Dans son autobiographie, *Sauve-toi, la vie t'appelle*, Boris Cyrulnik raconte sa rencontre avec celui qui fut son tuteur de résilience. En 1942, à l'âge de cinq ans, il est confié par ses parents aux responsables d'une pension pour lui éviter la déportation dont eux ne reviendront pas. Quelques mois plus tard, il se retrouve à l'Assistance publique. En 1944, le fils de Nadia et d'Aaron Cyrulnik est dénoncé à la Gestapo en échange de l'équivalent de cinquante euros : il est alors regroupé avec d'autres Juifs dans la grande synagogue de Bordeaux mais réussit à se cacher dans les toilettes avant d'être sauvé *in extremis* par une infirmière qui le dissimule dans une camionnette, sous le matelas d'un malade. Pris en charge par un réseau de résistants, il est ensuite placé comme garçon de ferme sous l'identité de Jean Laborde. Mutique, ne sachant plus qui il est, il erre autour de la ferme dans un état de sidération, davantage absent à lui-même que véritablement apeuré, en proie à ce qu'il qualifiera plus tard d'« agonie psychique ». Pendant les dix premières années de sa vie, il va être ballotté de centre en institution spécialisée (plus d'une quinzaine au total), incapable de tisser le moindre lien, de trouver la moindre sécurité affective, portant sa honte d'être différent, de se sentir anormal, sans père ni mère. À dix ans, il sait à peine lire. À onze ans, sa tante maternelle, Dora, le prend chez elle à Bordeaux. Incapable de suivre un apprentissage classique, de respecter la moindre règle, il s'achemine vers une classe d'élèves « retardés », dans ce qui serait donc un centre spécialisé de plus. Gaie, danseuse de profession, Dora aimerait prendre soin de ce petit garçon blessé, lui communiquer sa joie de vivre, mais elle se heurte à la mine grave de celui que l'isolement a rendu trop sérieux, dont la sidération se teinte depuis peu d'une forme de lucidité sombre : il sait de quoi les hommes sont capables... C'est la rencontre avec Émile, le compagnon de Dora, qui va tout changer.

Boris Cyrulnik raconte : « Quand Dora m'a présenté Émile, il est resté debout près de la porte parce que la pièce était trop petite pour y mettre plusieurs chaises. Pourquoi ai-je été d'emblée charmé par sa force et sa gentillesse ? En fait, je dirais aujourd'hui que son apparence touchait en moi ce que j'espérais : la force et la gentillesse. Émile révélait ce que j'espérais devenir un jour, quand je serais grand [...]. Je n'ai pas éprouvé la même émotion quand Dora m'a présenté ses amis, le Corse danseur acrobatique ou Maurice, le Fred Astaire de Montmartre. Je les ai trouvés sympathiques, gais et admirables danseurs. [...] Je les aimais bien tous les deux, mais leur chemin n'était pas le mien. En me présentant Émile, Dora a dit : "Nous allons vivre ensemble. Émile est scientifique et il joue au rugby." Je ne savais pas ce qu'étaient la science et le rugby, mais je l'ai adopté tout de suite. Il s'est passé alors un phénomène étrange [...], je suis devenu excellent élève, comme si mon monde intime, soudain, s'éclairait. »

Il a suffi d'une rencontre. Et au cœur de cette rencontre, d'une identification. Émile est directeur d'un laboratoire de recherche et quand il enlève son habit de chercheur, c'est pour endosser son polo de rugbyman ou prendre dans ses bras solides le corps de danseuse de son amoureuse. Il dégage une force de vie, un entrain qui le pousse à la fois vers la science, Dora, le terrain de rugby. Soudain, Boris a envie d'être lui. Avec le jeune adolescent, Émile n'en fait pourtant pas des tonnes. Il se contente d'être ce qu'il est : costaud, savant, riche de cette gaieté simple qu'il a en partage avec Dora. Émile ne s'en rend pas compte, mais il a un talent, presque un don : quand son regard se pose sur Boris, il ne le voit pas comme un rescapé de l'horreur, comme un orphelin ou un enfant du trauma. Il le voit comme un ado normal à qui il parle de son métier et de la technique des demis de mêlée. Et cela fait un bien fou à l'enfant. Il plaisante avec lui comme il plaisanterait avec n'importe quel ado dont il faudrait s'attirer la sympathie parce que l'on doit cohabiter avec lui. Émile ne le fait pas volontairement, sa façon d'être n'est pas préméditée, mais lorsqu'il parle à Boris, c'est de la vie qu'il pourrait s'inventer et non de la mort à laquelle il a échappé. À son contact, Boris se découvre une soif d'apprendre, une envie furieuse de rattraper son retard. La rencontre de ce tuteur de résilience produit en quelques semaines ses effets prodigieux : c'est décidé, Boris sera une sorte d'Émile. Lui aussi jouera au rugby. D'ailleurs, assez grand pour son âge, plutôt fort par son passé de garçon de ferme, il a un corps assez taillé pour. Et il sera psychiatre pour éclairer la nuit qu'il a traversée et devenir scientifique comme Émile.

Cyrulnik écrit à ce sujet : « La rapidité de cette métamorphose intellectuelle m'étonne encore aujourd'hui. Ma vie mentale s'était arrêtée à l'âge de deux ans quand ma mère s'est retrouvée seule, après l'engagement de mon père dans l'armée française et angoissée par l'imminence de son arrestation. Puis ont suivi pour moi quelques années de traque, de côtoiement de la mort et d'isolement sensoriel. Les brisures affectives, sans cesse répétées, l'interdiction de sortir ou d'aller à l'école, le sentiment d'être un monstre ont rendu impossible le moindre développement. Je n'ai pas souffert pendant ces agressions puisque mon âme était gelée. On ne ressent rien quand on est en "agonie psychique". [...] Il a suffi que l'existence dispose autour de moi un substitut affectif, une belle danseuse et un costaud scientifique, pour que la vie revienne en moi comme une bouffée de bonheur. »

Après Émile, d'autres rencontres viendront, qui alimenteront son désir de vivre et le nourriront : des camarades de collège ou de lycée, les livres de Zola, de Dickens ou de Freud, les travaux de l'entomologiste Jean-Henri Fabre qui le fascineront, lui qui a passé une bonne partie des premières années de sa vie à devoir se cacher, couché au sol, avec pour seule compagnie celle des fourmis. Mais c'est bien la rencontre avec Émile qui a rendu les autres possibles. C'est à son contact qu'il a retrouvé sa capacité à entrer en relation. Sa tante Dora est devenue elle aussi un tuteur de résilience, mais seulement après que sa rencontre avec Émile l'a mis sur les rails d'une nouvelle vie. Quand on connaît le risque de suicide chez les adolescents ayant subi des traumatismes dans l'enfance, on peut affirmer que la rencontre d'Émile a probablement sauvé la vie de Boris Cyrulnik.

« Chaque rencontre nous modifie. Je n'ai pas rencontré le plâtrier qui me disait qu'il n'y a que les filles et les pédés qui font des études, je l'ai croisé, c'est tout. Il m'a étonné, mais pas convaincu. Ce n'était pas une rencontre puisqu'il ne m'a pas détourné de mon chemin. Il n'a pas marqué son empreinte sur moi », écrit Boris Cyrulnik dans *Sauve-toi, la vie t'appelle.* La rencontre d'Émile, elle, l'a détourné de son chemin de souffrance et de silence, de son chemin de mort peut-être. Elle a marqué son empreinte sur lui puisqu'elle l'a réconcilié avec la vie et qu'il est devenu, comme Émile, un savant bienveillant.

Émile n'a pourtant rien fait d'extraordinaire au sens propre, rien d'héroïque. Il n'a pas accompli d'action hors du commun. Il n'a pas risqué sa vie pour celle de Boris. Il n'a pas été surhumain, il a été pleinement humain, et c'est ainsi qu'il a su redonner à un adolescent brisé le goût du lien, sans lequel un être humain ne peut se développer. Par sa complicité, sa bienveillance joyeuse, par son exemple tout simplement, il a éveillé en Boris Cyrulnik des désirs somme toute ordinaires – être bon à l'école, s'amuser avec ses camarades, jouer au rugby… Et même s'il l'a fait en manifestant de belles qualités d'écoute ou de présence, Émile a été exemplaire en étant un homme ordinaire. Les conséquences de cette rencontre furent néanmoins – c'est là la puissance folle de la rencontre – *extraordinaires*. Une vie repart, un être renaît de ses cendres et croit à nouveau au bonheur.

*

Le trouble, la curiosité, la reconnaissance et l'envie de se lancer sont les premiers signes de la rencontre *en train de se faire*. Puis l'expérience de l'altérité, le changement, la responsabilité et le salut sont les signes d'une rencontre se continuant, et produisant ses effets. Ces derniers sont tels que nous ne pouvons nous en remettre simplement au hasard. Voyons maintenant ce que nous pouvons mettre en œuvre pour favoriser, faciliter nos rencontres, et réussir à faire du hasard notre allié.

DEUXIÈME PARTIE

Les conditions de la rencontre

1

Sortir de chez soi
Une philosophie de l'action

Au cœur de la rencontre, il arrive au hasard de prendre l'apparence du destin, mais il n'en reste pas moins lui-même : ce que, en philosophie, nous nommons la contingence. La contingence – *ce qui est mais aurait pu ne pas être* – s'oppose à l'idée de nécessité, ou de déterminisme – *ce qui est et ne pouvait pas ne pas être*. Je t'ai rencontrée lors d'un cours de yoga ou lors d'un concert, mais j'aurais aussi bien pu ne pas te rencontrer. J'aurais pu m'inscrire à un autre cours, ou être absent la seule fois où tu es venue. J'aurais pu ne pas me rendre à ce concert, m'en tenir à l'écoute de l'album, chez moi, nous n'aurions alors pas engagé cette conversation à l'entracte, accoudés au bar. Bref, notre rencontre aurait pu ne pas avoir lieu. En affirmant cela, je prends le parti des philosophes de la contingence, tels Épicure ou Sartre, contre les philosophes de la nécessité, comme Marc-Aurèle ou Spinoza. Ces derniers pensent que tout advient selon une nécessité supérieure (ordre du Cosmos selon Marc-Aurèle, Dieu selon Spinoza). Si un destin guide nos pas, nous n'avons pas le loisir, par notre action, de favoriser les rencontres.

D'après Épicure, c'est au contraire en prenant la pleine mesure de son caractère contingent que j'apprécie l'heureux hasard de t'avoir rencontrée ; notre histoire aurait pu ne jamais commencer… Voilà qui donne une saveur supplémentaire à notre baiser, plus d'épaisseur à notre amitié naissante, une autre dimension à notre association professionnelle.

Penser le réel, et nos rencontres, à l'appui de ce concept de contingence est une bonne méthode pour profiter de la vie, en saisir la valeur et le prix, continuer à s'émerveiller devant les surprises qu'elle nous réserve, devant le simple fait qu'elle soit. Sans la rencontre fortuite de notre Terre avec une comète il y a quatre milliards d'années, sans cet accident astral hautement improbable, qui a comme fécondé la Terre en lui apportant l'eau nécessaire à toute vie, cette dernière n'aurait pu se développer, et nous ne serions pas là pour en parler.

Provoquer la chance

Agir, c'est provoquer la contingence ; braver le hasard. Si le réel était nécessaire et non contingent, si tout ce qui advenait *ne pouvait pas ne pas être*, alors il serait difficile de défendre une philosophie de l'action. Mais dans un monde contingent, l'action devient un ressort décisif. En me mettant en mouvement, je produis des changements, dont je ne peux mesurer précisément les effets, mais qui influeront sur la chaîne de causalité ; agir reconfigure le monde, rebat les cartes.

Aristote a développé une philosophie de l'action précisément parce que notre monde – le « monde sublunaire », qui est sous la lune, opposé au cosmos, monde nécessaire, lieu de la vérité éternelle – est selon lui caractérisé par la contingence. Celle-ci ouvre un espace à notre liberté et exige de nous le talent de saisir les occasions favorables – les *kaïros* – pour agir. Aristote a d'ailleurs été un des premiers défenseurs de la démocratie : croire en la démocratie revient à croire en une action collective capable de changer les choses.

Dans un monde contingent, notre solitude, notre incapacité à rencontrer les autres ne relèvent d'aucun destin : leur être n'a pas de raison d'être. Il suffit de sortir de chez soi pour provoquer le hasard et peut-être tout changer, tel un lancer de dés dans le jeu de nos relations aux autres, de nos histoires d'amour ou d'amitié, de nos rapports professionnels. La superstition nous conduit à nous représenter la chance comme une donnée objective, indépendante de notre volonté ou de notre action ; c'est oublier qu'elle se provoque.

Rencontrer quelqu'un, c'est *sortir de soi* – s'arracher à sa position de sujet autocentré pour s'ouvrir à la perspective de l'autre. Mais, pour réussir ainsi à sortir de soi, encore faut-il commencer par sortir de chez soi.

Dans son *Éloge de la chance*, le professeur de psychologie Philippe Gabilliet distingue les coups de chance exceptionnels, de simples produits du hasard, de ce qu'il appelle la « chance provoquée » ou le

« mode chance » : « ce mouvement régulier, récurrent, voire répétitif qui fait que certains hommes et femmes semblent – davantage que les autres – collectionner et enchaîner les événements favorables au fil de leur existence ». À la différence de la bonne fortune qui nous sourit, la chance récurrente ne peut avoir d'explication statistique ; il faut donc en chercher la cause dans notre comportement, notre manière d'interagir avec les autres et le monde. Elle est provoquée par une attitude d'engagement et d'accueil, une manière d'avancer dans l'existence les yeux grands ouverts, réceptifs à tous les signaux que le monde nous envoie, en sachant, écrit Philippe Gabilliet, « recycler cette matière brute qu'est le hasard afin de la transformer en ce produit raffiné que l'on appellera une *occasion favorable* ». « La chance sourit aux audacieux », affirmait Virgile. Elle ne frappe pas au hasard, ne distribue pas ses faveurs arbitrairement ; elle sait reconnaître ses enfants, celles et ceux qui s'engagent avec fougue, s'efforcent d'ouvrir dans le réel des voies nouvelles, ne se contentent pas de marcher dans les traces de ceux qui les ont précédés.

Pour la provoquer, il faut d'abord rompre avec les habitudes qui nous engourdissent. Répéter quotidiennement les mêmes sorties, aux mêmes heures, sans être présent à soi ni au monde ne nous met pas dans la même disposition qu'une expédition nouvelle, l'esprit en alerte et le cœur en joie. Provoquer la chance commence parfois par un simple pas de côté, une dérogation même minime à l'habitude. Si les contraintes de la vie nous obligent à sortir, elles ne nous placent pas dans une disposition des plus propices à la rencontre. En empruntant chaque matin le même trajet pour nous rendre au travail, en parcourant chaque samedi les rayons du même supermarché, nous pouvons toujours faire une belle rencontre, mais nous sommes beaucoup moins en éveil et ouverts à l'opportunité que si nous nous rendons au concert d'un groupe dont nous sommes fans, à la signature d'un écrivain dont nous nous sentons proches. De même, lorsque nous nous rendons à notre cours de tango ou au dojo – dans lequel la pratique exigeante de l'art martial nous apporte un peu d'emprise sur une vie chaotique –, nous sommes plus disposés à nous ouvrir au monde, à alimenter notre curiosité ; nos centres d'intérêt nous ouvrent aux autres là où la routine nous enferme. Et si le cours de tango ou d'art martial relève aussi d'une habitude, il s'agit bien plus d'un rite qui nous structure, nous permet de mesurer un progrès et à ce titre nous maintient en éveil. Lorsque au contraire nous agissons par réflexe, comme en pilote automatique, nous risquons de ne même pas remarquer celui ou celle qui vient se présenter à nous ; l'espace que nous laissons à une possible rencontre s'en trouve plus ténu.

Il ne faut cependant pas orienter nos sorties dans le seul but de la rencontre : la motivation est tout autre lorsque je m'inscris à un cours de tango *pour rencontrer quelqu'un* ou par goût pour cette danse, afin de m'y perfectionner et éventuellement de rencontrer quelqu'un à cette occasion. Dans le premier cas, l'approche, trop volontariste, risque d'être contre-productive, l'enjeu, l'attente se faisant pesants, la déception grande en cas d'échec. Dans le second, la rencontre advient par surcroît, comme une grâce, une fleur poussée dans le sol fertilisé par notre action, nos passions, notre ouverture, notre curiosité. Et même lorsqu'un couple d'amis nous invite à un dîner d'« entremetteur », pourquoi « se mettre la pression » ? Que la rencontre soit heureuse ou non, elle peut se révéler instructive... Et puis cette sortie m'amènera peut-être à croiser la route... de quelqu'un d'autre !

Nourris au biberon du volontarisme occidental, élevés dans l'idéologie du « quand on veut on peut », nous risquons de passer à côté de beaucoup d'opportunités, en particulier quand elles s'offrent d'autant plus spontanément qu'elles n'ont pas été recherchées. De nombreux couples qui se sont rencontrés grâce à un site ou une application en témoignent : ils ne cherchaient pas une véritable histoire, ne désiraient pas « rencontrer quelqu'un », mais simplement un partenaire de plaisirs sans lendemain ou un interlocuteur qui les détourne un moment d'un *binge-watching* lassant... La vie en a décidé autrement ; leur rencontre a eu lieu, et des années après, ils sont encore ensemble. Ils ont trouvé autre chose que ce qu'ils cherchaient et en sont heureux. Et c'est, paradoxalement, parce qu'ils n'étaient pas en quête que cela a pu leur arriver, aucune pression, aucune attente fébrile, n'est venue parasiter leurs premières rencontres.

Une telle *sérendipité* – découverte ou invention due au hasard ou à une erreur – n'aurait pas été possible sans action. Ils ne sont peut-être pas sortis de chez eux pour rencontrer l'amour, mais ils sont sortis et l'ont rencontré.

Dans *La Fin de l'amour*, la sociologue Eva Illouz porte un regard assez sévère sur les sites ou applications de rencontre ; elle y voit une « marchandisation de l'amour » qui pourrait conduire à sa fin : choisir sur un site son partenaire – comme on le fait d'un produit de consommation – ôte à l'autre ce mystère qui est au cœur de la relation amoureuse. Si une telle approche n'est probablement pas le meilleur chemin vers l'autre et vers la découverte de sa singularité, de sa complexité, l'utilisation de ces sites a au moins pour vertu de nous sortir de chez nous. La vie se chargera peut-être du reste… On peut juger que l'usage consumériste, parfois compulsif, de ces sites constitue plutôt un mauvais début, mais cela vaut mieux que de ne pas se lancer. Et puis la vie sait très bien nous prendre au dépourvu, elle suit rarement un cours linéaire. Nous sommes capables de bifurquer, de rebondir, de revenir en arrière ; ce qui devait n'être qu'une interaction sans suite peut se révéler être une belle rencontre. L'idée même de « mauvais début » n'a alors plus grand sens : l'essentiel est de se mettre en marche, de lancer le mouvement.

De fait, les sites de rencontre, les applis font aujourd'hui partie intégrante du quotidien de nombre de célibataires, il s'agit même d'un courant de fond de nos sociétés qui transforme notre rapport à l'autre, à la séduction et à la rencontre amoureuse. Il n'est peut-être pas plus insensé de confier ses espoirs d'une belle rencontre à un algorithme qu'au hasard. Si ces sites et applis peuvent donner l'impression d'une sorte de « supermarché des célibataires disponibles », loin d'une vision romantique et romanesque de l'élection amoureuse, il faut garder à l'esprit que ce ne sont que des plateformes, des outils mis à notre disposition. Ils sont ce qu'ils sont, avec leurs avantages et leurs défauts, l'important est ce que nous en faisons. S'inscrire sur Meetic, Tinder ou Bumble, tout en restant chez soi, c'est déjà faire un pas vers l'autre, initier un mouvement, un changement, se dire : Je suis prêt, je me lance.

Ce qui sortira de cette démarche dépend ensuite de nous et de la manière dont nous *consommerons* l'appli, ou au contraire dont nous nous y *investirons*. Il est si facile de publier deux ou trois photos de soi, aussi apparemment avantageuses que neutres, puis de *swiper/liker* d'un geste réflexe, d'un regard distrait, machinalement. Quel genre de rencontre peut-on attendre de cette stratégie creuse ? À l'inverse, le soin apporté à l'élaboration de son profil – le choix de ses photos, sans retouches, nous mettant en scène en révélant déjà un peu de nos traits de caractère, de notre personnalité, ou au contraire jouant le mystère, l'énigme à percer, notre texte de présentation, personnel, sincère, en dévoilant assez pour donner l'opportunité à l'autre d'avoir envie d'en découvrir plus – est le premier signe de notre investissement dans la rencontre espérée. Et de la même manière que nous souhaitons alors que quelqu'un, cette personne spéciale recherchée, prenne le temps de découvrir notre profil, à nous d'apporter cette attention aux autres, de ne pas les *consommer* comme des fiches produits, de *swiper* avec lenteur, avec la délicatesse que l'on apporterait à chaque personne si nous les avions face à nous lors d'un *speed dating* ; distribuer nos *likes* avec parcimonie, uniquement aux profils qui se distinguent, suscitent quelque chose en nous, alors, une amorce de rencontre peut naître et jaillir dans les premiers messages, ses premiers mots hésitants, choisis avec soin. Quelque chose d'essentiel s'y joue, nous le sentons bien. La qualité des premiers échanges, les réponses au tac au tac, les références saisies au vol sur lesquelles l'autre rebondit avec esprit, les réponses que nous lisons dans un éclat de rire…

Si beaucoup de choses font obstacles aux belles rencontres sur ces sites et applis, elles restent possibles et peuvent être favorisées par ces moyens si nous les utilisons à bon escient. Dans la sphère virtuelle aussi il est possible de montrer plus d'attention, d'humanité, de sincérité et d'ouverture.

Rentrer en soi, sortir de chez soi

Agir, c'est s'aventurer dans le monde sans savoir au juste à quoi ressemblera cette aventure, sans connaître à l'avance les effets de la rencontre entre notre action et le monde.

Mais cette aventure a d'autant plus de chances de produire des étincelles que nous sommes riches d'une vie intérieure et avons su cultiver, dans le secret de nos maisons, de nos chambres, le jardin de notre intériorité. S'engager dans une pratique, se passionner pour un art martial, une danse, un courant musical ou un écrivain, s'intéresser, être curieux, nous prépare donc doublement à la rencontre : en nous projetant sur la scène potentielle de celle-ci – piste de danse ou dojo, café, salle de concert, atelier… – et, plus fondamentalement, en nous donnant l'opportunité de nous développer, de nous enrichir. Nourrir sa vie intérieure puis s'aventurer à l'extérieur, rentrer en soi puis sortir de chez soi : cette attitude, comme une sorte de pas de deux, favorise les rencontres davantage que l'effort insistant pour entrer en contact avec l'autre.

Nous avons démontré, avec Hegel, la nécessité de rencontrer les autres pour prendre conscience de soi, et ainsi changer à leur contact. Sa fameuse *dialectique* nous a permis de comprendre qu'une idée a besoin de sa contradiction pour se révéler pleinement dans sa différence, qu'un individu doit faire l'expérience de l'altérité pour se saisir de sa singularité. Mais nous n'avions pas mesuré en quoi une telle pensée dialectique implique une philosophie de l'action, cette dernière étant précisément définie par Hegel comme le moyen d'extérioriser son intériorité.

Lorsque nous agissons, nous nous engageons dans le monde extérieur, nous ne nous détournons pas de notre intériorité, mais au contraire tendons à lui donner une existence objective. S'aventurer au-dehors permet d'actualiser ce qui se trame en nous, d'obtenir une reconnaissance de ce qui compte pour nous : les émotions qui nous traversent, les goûts qui nous animent, les valeurs qui nous portent… Comment obtenir cette reconnaissance sans rencontrer autrui ? Comment le rencontrer sans sortir de chez soi ? Impossible. Chez Hegel, même l'« Esprit absolu » doit sortir de « chez lui » et se jeter dans l'action pour savoir qu'il est Dieu. Dieu est « chez lui » dans le sentiment subjectif qu'il a de sa valeur, mais cela ne lui suffit pas. Pour le Dieu de Hegel comme pour nous, l'altérité seule nous permet de savoir ce que nous valons, qui nous sommes réellement.

Tôt ou tard, il faut donc bien sortir de chez soi. Mais dans un premier temps, cette formule, « sortir de chez soi », peut être entendue métaphoriquement. Sortir de chez soi, c'est avant tout « sortir de soi », rompre avec son quotidien lénifiant, quitter sa zone de confort, se bouger pour faire bouger les choses. Nous venons de traverser des confinements qui nous ont obligés à réinventer nos relations aux autres. Il nous a fallu nous montrer inventifs pour ne pas rompre le lien, et les nouvelles technologies ont été des outils bien utiles dans ce contexte particulier. Comme nous l'avons vu avec les applications de rencontre, il est possible de « sortir de soi » tout en restant « chez soi ». Il est parfois nécessaire de procéder par étapes. Prendre la décision d'agir, faire le travail nécessaire sur soi pour se mettre dans les dispositions propices à la rencontre ; se forcer à changer ses habitudes, à s'ouvrir à l'idée même que « tout est possible », c'est déjà sortir de (chez) soi. Alors, quand le moment viendra, la rencontre sera possible, réellement.

Interrogés sur leurs carrières, leurs succès, nombre d'acteurs et actrices, de réalisateurs et réalisatrices, de chanteurs et chanteuses, mais aussi d'entrepreneurs et entrepreneuses évoquent des rencontres décisives. Ils le font parfois comme si celles-ci, quelles qu'elles soient, étaient « tombées du ciel », tel un fruit miraculeux chu de l'arbre du hasard. Dans un excès d'humilité – plus ou moins sincère –, il leur arrive de prétendre qu'ils doivent tout à cette rencontre. Ils oublient de préciser qu'ils l'ont souvent provoquée et surtout qu'elle a été rendue possible par une autre – antérieure – avec leur art, leur pratique, leur passion… Cet acteur a peut-être eu la chance de croiser la route du réalisateur qui lui offrit un rôle sur mesure, mais auparavant il a été un adolescent rêvant de cinéma seul dans sa chambre, spectateur boulimique de films, puis peut-être élève dans un cours de théâtre. Jusqu'au jour où il est sorti de chez lui pour son premier casting… Lorsque, des années plus tard, de figuration en second rôle, il fera cette rencontre décisive, elle aura en fait été préparée par ces années de découvertes, d'exploration et de travail qui ont nourri sa passion.

« J'ai tellement fermé les yeux, j'ai tellement rêvé, que j'y suis arrivée », chante France Gall dans « Viens, je t'emmène ». Fermer les yeux, imaginer, parcourir les vastes étendues de son jardin secret… et finalement y « arriver », rencontrer quelqu'un et l'emmener dans son monde. Ainsi se prépare l'événement de la rencontre. Si ce dernier exige un passage à l'acte, un engagement dans le réel, il commence à s'élaborer dans la rêverie, l'imagination, la curiosité, dans tous ces « films » que nous nous faisons… Nous opposons trop souvent le plan de l'action et celui de la rêverie. Nous nous représentons nos rêves éveillés comme des fuites, des échappatoires, des états qui nous éloignent du réel. Mais toutes ces rêveries ou ces projections imaginaires nous enrichissent, nous animent, nous rendent curieux et vivants ; il faut être à leur écoute pour apprendre à nous connaître, découvrir nos aspirations, nos espoirs, nos attentes envers autrui. Ces moments où nous avons « fermé les yeux » nous apportent une richesse intérieure que nous aurons à offrir aux autres. C'est souvent dans la solitude que se préparent les rencontres.

David Bowie rencontre Lou Reed

David Bowie a fait de très belles rencontres, à l'origine d'albums qui sont restés dans l'histoire du rock, à l'image de *Transformer*, le chef-d'œuvre de Lou Reed, ou de *Lust for Life* et *The Idiot* d'Iggy Pop, qui contient notamment le morceau culte « The Passenger ». Aucune de ces rencontres n'est le fruit du seul hasard. Lorsque nous lisons les biographies de la rock star aux yeux vairons, nous comprenons combien chacune d'elles a été préparée, parfois des années auparavant, par une curiosité de chaque instant pour la musique, pour l'expression artistique (cinéma, cirque, mime…), par une vie entière passée à l'affût des sons nouveaux, des expérimentations de toutes sortes.

Lorsque Bowie rencontre Lou Reed au restaurant du *Max's Kansas City*, une boîte new-yorkaise mythique, il vient d'arriver à New York pour enregistrer son album *Hunky Dory*. Il a vingt-quatre ans, connaît déjà un grand succès et manque cruellement de temps. Lou Reed n'est pas dans la même situation. Presque trentenaire, il a quasiment tourné la page de la musique. Blessé par divers échecs, il est retourné chez ses parents et gagne sa vie en ramassant les poubelles sur les plages de Long Island. C'est le manager de RCA, avec lequel Bowie vient de signer un gros contrat, qui a organisé le dîner. Bowie est habillé comme un dandy, Lou Reed porte des vêtements informes, se montre peu loquace. Mais le courant passe tout de suite. On ne peut le comprendre sans remonter cinq ans en arrière.

Bowie a dix-neuf ans et demande à son manager de lui faire découvrir ce qui se fait outre-Atlantique. De retour des États-Unis, ce dernier lui tend un disque, une simple maquette en réalité – l'album sortira un an plus tard – ornée de la très convoitée signature d'Andy Warhol, à côté du nom du groupe : The Velvet Underground & Nico. Lou Reed en est le chanteur. Lors d'une interview donnée à *New York Magazine*, Bowie se souvient de cette écoute comme d'« un des plus grands chocs esthétiques » de sa vie, un « pur ravissement ». « Tout ce que j'éprouvais sans le savoir pour le rock se révélait à moi sur un disque encore inédit », précise-t-il. Il passe des nuits entières à écouter Lou Reed chanter « Pale Blue Eyes » et « Sweet Jane » sur cet album clé et radical, cet exploit musical qui combine une totale originalité avec une étrange familiarité qui résonne chez Bowie. C'est la musique qu'il a en lui et veut créer. La chanson « I'm Waiting for the Man » le sidère. Il la reprend d'ailleurs en rappel lors d'un concert peu de temps après, alors que l'album du Velvet n'est pas encore sorti !

L'exemple de cette rencontre est bien sûr très particulier : Bowie s'est préparé à rencontrer Lou Reed… en côtoyant intimement sa musique. Mais cet exemple porte aussi une vérité universelle : les belles rencontres se préparent par le travail. Bowie ne cessait jamais de découvrir, d'apprendre ; curieux de tout, c'était un travailleur acharné. Cet album clé du Velvet Underground tout juste découvert, il le décortique, analyse les harmonies, les arrangements, s'approprie sa puissance étrange et sauvage. Approfondir un champ, aiguiser son goût, éduquer sa sensibilité sont autant de manières d'étendre son intériorité et d'ouvrir un espace à la rencontre de l'autre. Lisons, écoutons de la musique, regardons des fictions, des documentaires, méditons, prions, exerçons notre corps par une pratique ritualisée ; peu importe, tant que nous trouvons ce qui nous émeut, résonne en nous, éveille notre vie intérieure. Travaillons notre intériorité. Et puis sortons de chez nous. Alors tous nos capteurs seront ouverts, tous les voyants au vert pour une possible rencontre. Une sensibilité en éveil, ouverte à la richesse de tous les possibles, attire comme un aimant celle qui entrera en résonance avec elle.

En écoutant Lou Reed parler de musique, en reconnaissant le timbre de cette voix qui chantait « I'm Waiting for the Man » ou « All Tomorrow's Parties » sur l'album du Velvet, Bowie imagine tout de suite un projet : les compositions très sombres de Lou Reed, mais avec ses propres arrangements, cette touche « glam rock » qui a fait sa renommée. Bref, un album de Lou Reed produit par Bowie : *leur* album. *Transformer* sera un immense succès. On y retrouve la part d'ombre du chanteur du Velvet, portée par le clavier de Mick Ronson, guitariste et arrangeur de Bowie, le tout transfiguré par une orchestration majestueuse et la direction artistique de Bowie. Dans « Satellite of Love », on peut d'ailleurs entendre la voix de Bowie se détacher dans les aigus parmi les chœurs de la fin. Dans la ballade « Walk on the Wild Side », c'est le professeur de saxophone de Bowie qui apporte la touche jazzy de son cuivre. « Perfect Day », souvent citée comme l'une des meilleures chansons de tous les temps, composée par Lou Reed qui la chante d'une voix pleine d'une humanité écorchée, touchante et fatiguée, accompagnée d'une magnifique mélodie au piano, se voit sublimée par les arrangements de violons de Ronson et Bowie.

Lorsque Lou Reed a reçu le coup de téléphone du manager de RCA l'invitant à ce dîner, il a hésité à accepter. Il était fatigué, déprimé ; il a failli rester chez lui. S'il n'avait pas trouvé l'énergie pour s'extirper de son canapé, *Transformer* n'aurait probablement jamais vu le jour. Songeons-y chaque fois que nous sommes tentés par le repli, par l'envie de remettre l'aventure au lendemain.

Quelques années avant ce dîner, Bowie s'était rendu à un concert du Velvet Underground. Quelque chose d'improbable, incroyable, mais rapporté par l'inventeur de *Ziggy Stardust* lui-même lors d'une interview donnée au magazine *Esquire* en 2004, était arrivé. Après le concert, Bowie se rend dans les loges et demande à voir Lou Reed. Mais ce dernier, lassé de l'insuccès, a quitté le groupe quelques jours auparavant et a été remplacé par un autre chanteur, Doug Yule. Bowie a donc assisté au concert sans se rendre compte qu'un autre interprète occupait la scène ! Pour plaisanter, l'homme qui ouvre la porte de la loge à

Bowie lui présente Doug Yule comme étant
Bowie échange alors avec lui quelques con...
sur le rock et l'art de la composition, sans se douter de la supercherie. On peut donc être le grand David Bowie, avoir écouté en boucle le fameux album du Velvet Underground et assister à un de leurs concerts sans se rendre compte que le chanteur n'est pas le bon ! Qu'il raconte cette anecdote avec une telle humilité et un tel humour en dit d'ailleurs long sur le personnage. Sortir de chez soi, c'est aussi s'exposer à l'aléa, à l'échec. Nous ne savons pas, avant d'agir, ce que notre action produira dans le monde. Mais nous devons y aller malgré tout ; c'est là toute la beauté de la prise de risque, le sel de l'existence ; c'est l'essence même d'une philosophie de l'action. Une telle expérience de l'échec participe d'ailleurs elle aussi de la « préparation » à la véritable rencontre : lorsqu'elle aura finalement lieu, elle sera riche de tout le chemin parcouru.

Notre époque ne nous encourage pas suffisamment à l'action. Comment oser partir à la rencontre de l'imprévu, se jeter dans l'inconnu avec confiance, quand le mot d'ordre est à la prévision, à l'anticipation, au risque calculé. Une vision gestionnaire de l'existence a triomphé des conceptions aventureuses de la vie. Prenons le seul exemple du GPS qui fait plus que nous guider ; il anticipe jusqu'à notre heure d'arrivée, qu'il réajuste en permanence. Notre route n'est plus un chemin, un voyage, mais un plan minuté à dérouler jusqu'à son point final. Une application, des algorithmes nous disent quoi faire à chaque carrefour, même en vacances loin de chez nous. Au lieu de voyager, nous nous déplaçons. Il ne reste plus de place à la balade, à l'improvisation, au regard ouvert aux paysages qui s'offrent ; aveugles, nous laissons le GPS *conduire notre action*, nous lui obéissons. Il entrave notre réactivité, notre écoute de nos intuitions, notre spontanéité, autant de caractéristiques d'une action véritable. GPS, mais aussi tableurs Excel, Doodle, calendriers électroniques, algorithmes des sites de rencontre ou des réseaux sociaux… Ces outils que nous utilisons ne sont pas neutres. Ils véhiculent une vision du monde, où tout peut et doit être anticipé, rationalisé, maximisé. Or, la vie véritable, essentielle, repose précisément sur ce qui échappe à l'anticipation.

Y aller vraiment, c'est y aller sans être vraiment prêts. À tout vouloir prévoir, nous en oublions la vérité même de l'action : elle ne se résume pas à la conséquence d'une réflexion préalable, elle est aussi et avant tout un instant, une ouverture, un saut dans l'inconnu qui vaut pour lui-même. Dans l'action, quelque chose se crée, s'invente, qui n'avait pas été pensé, encore moins planifié.

J'y vais-je vois

Je me souviens d'une phrase que je disais à mes enfants quand ils étaient petits, lorsqu'ils avaient peur de se rendre à un anniversaire où ils ne connaissaient pas grand monde, ou n'osaient pas engager la conversation avec un adulte. C'était une sorte de leitmotiv, très simple, qui fonctionnait plutôt bien, et par lequel j'avais essayé de résumer tout un rapport à l'existence, aux autres et à l'action : « J'y vais-je vois ». Tu es inquiet parce que tu ne sais pas à quoi t'attendre, tu es tenté de ne pas y aller parce que cette incertitude t'angoisse ? Vas-y et tu verras bien, lance-toi et ne passe pas à côté d'une opportunité. Ne te fais pas pour autant d'illusions en te persuadant que cela va bien se passer ; oui, peut-être que l'expérience sera malheureuse. Mais peu importe. Le pire fait partie du champ du possible. Mais vas-y. Et vois.

« Vas-y » : engage-toi, bouge-toi, sors de chez toi.

« Vois » : apprends par là même à sortir de cette attitude volontariste pour devenir observateur et accueillir ce qui se présente, ou pas.

J'avais remarqué que mes enfants étaient libérés par cette idée de « voir », par la pointe de fatalisme qu'elle contient – « On verra bien »... – apportant un peu de douceur à l'engagement volontaire nécessaire pour enclencher le mouvement. La reconnaissance de la possibilité de l'échec les libérait aussi, alors qu'ils auraient senti le mensonge sous-jacent à une position de déni, de négation du risque – « Ça va bien se passer, n'aie pas peur ». Ce mantra « J'y vais-je vois » était une invitation à réunir les deux conditions nécessaires à la survenue d'un événement, à la rencontre : sortir de chez soi, mais aussi être prêt à accueillir ce qui se présente, le bon comme le mauvais. Se lancer, mais moins tendu vers l'objectif que l'esprit ouvert, moins *concentré* sur le but qu'*attentif* à tout le reste. Si je sors l'esprit obnubilé par une finalité, je peux certes l'atteindre, mais je risque aussi de la manquer tout en passant à côté de toutes les occasions que m'offrait le réel. Si à l'inverse j'ouvre en grand les portes et les fenêtres de mon esprit, attentif autant à l'ici et maintenant qu'à ma visée première, le champ du possible se révèle immense.

À cette première condition de la rencontre qu'est l'action, il convient donc d'en ajouter une seconde : la disponibilité. En écrivant au début de ce chapitre qu'il fallait sortir de chez soi de manière non routinière, sans se laisser endormir par les habitudes, dans une attitude d'attention et d'accueil, nous faisions déjà l'éloge de la disponibilité. Il faut maintenant aller plus loin, comprendre la qualité de présence que celle-ci nous demande.

L'action nous tourne vers l'avenir, nous jette vers demain. La disponibilité, elle, est un art du présent.

2

Ne rien attendre de précis
Éloge de la disponibilité

Ce n'est pas *pour rencontrer les autres* qu'il faut sortir de chez soi, mais pour *se rendre disponible à la rencontre.*

Des attentes trop précises risquent de nous faire manquer la rencontre d'une personne ne correspondant pas à nos critères, alors même que nous aurions pu vivre avec elle une belle histoire.

Nous avons des attentes ; nous ne pouvons être détachés de tout désir. Ces attentes initient le mouvement. Mais si elles agissent comme un moteur, elles peuvent aussi devenir des œillères nous empêchant de voir l'ensemble des possibles ou occasions qui constitue la chair du réel. D'une certaine manière, moins nos attentes seront précises, plus elles ouvriront le champ de notre vision, de notre rapport au monde et aux autres. Il faut même parfois savoir les abandonner pour s'ouvrir à autre chose, « changer tout », comme disent les footballeurs pour signifier qu'ils renversent le jeu, attaquent désormais par l'autre côté du terrain.

Un de mes proches amis, divorcé et père de trois adolescents, célibataire depuis maintenant quelques années et désireux de vivre une nouvelle histoire d'amour, prétendait savoir exactement ce qu'il voulait : une femme avec un ou deux enfants (un de préférence, il en avait déjà trois), de l'âge des siens pour qu'ils puissent s'entendre facilement, et qui ne désire pas d'autres enfants. Il avait le sentiment que la période des bébés, des couches et des nuits sans sommeil était derrière lui et m'expliquait n'avoir plus envie de cela. Il commençait à se plaindre de ne pas rencontrer cette femme rêvée quand, à l'occasion d'un dîner chez des amis, il est « tombé » sur une femme ne correspondant en rien à ses critères. Elle n'avait pas d'enfants, elle en désirait – plusieurs même ! –, et comme elle approchait de la quarantaine, le temps pressait. C'était *a priori* précisément ce qu'il voulait éviter, la perspective exacte qui l'effrayait : quatre ou cinq enfants, une grande différence d'âge entre eux, des enfants en bas âge et toutes les contraintes qui les accompagnent. Le « problème », c'est qu'elle lui a plu terriblement, et que le sentiment était réciproque. Ils sont aujourd'hui très heureux, ont eu deux enfants, et il a redécouvert les nuits sans sommeil. Quant à ses adolescents, qui auraient très bien pu ne pas s'entendre avec ceux de la prétendue « femme idéale », ils adorent leurs deux petits demi-frères et se battent pour s'en occuper. Cet ami dont je moquais souvent la rigidité, sa propension à savoir trop précisément ce qu'il voulait, à ne jamais lâcher avant d'avoir atteint son objectif, a donc été capable de « changer tout », de prendre une distance salutaire avec son attente initiale pour accueillir ce qui s'est présenté – s'ouvrir à ce que la vie lui offrait, et qu'il n'attendait pas. Ne pas rester accroché à son idée a été la condition de son bonheur. La disponibilité n'est rien d'autre que cette capacité à voir ce qui se présente et ne correspond pas à notre attente ; elle est la faculté d'accueillir l'*inattendu*, la surprise.

Accueillir la surprise

Nous pouvons nous tromper sur ce qui nous rendra heureux. Mon ami a rencontré une femme qui ne correspondait pas au portrait qu'il s'en était fait, mais il a trouvé le bonheur. Il avait oublié qu'une rencontre a justement le pouvoir de redistribuer nos attentes, nos désirs, nos idées mêmes des choses et de la vie. Voilà une belle invitation à la disponibilité : savoir que nous pouvons nous tromper sur nos attentes peut nous convaincre de nous ouvrir à ce que nous n'attendons pas.

Se montrer inflexible, ne rien envisager d'autre que ce qui correspond à nos désirs précis, relève d'une double erreur. Stratégique d'abord : nous passerons très probablement à côté de certaines opportunités. Psychologique ensuite : nous nous trompons peut-être sur nos désirs, et nous fermons la porte à la rencontre de cet autre qui nous permettrait d'en prendre conscience.

C'est en effet souvent dans l'action, au contact des autres, que nous nous découvrons un désir nouveau. Cette idée s'oppose à une conception, développée notamment par Lacan, selon laquelle le désir serait toujours déjà là, au fond de nous, plongeant ses racines dans notre inconscient, notre histoire familiale.

Selon cette théorie, il préexiste toujours à la rencontre : nous allons vers les autres pour satisfaire une aspiration qui précède l'acte et le détermine. Sartre, au contraire, explique dans *L'Être et le Néant* qu'une telle aspiration ne préexiste pas nécessairement à la rencontre ; elle peut naître de cette dernière. L'expérience de la vie semble lui donner raison : il suffit d'observer ces hommes ou ces femmes qui n'ont pas de désir d'enfant avant de rencontrer la bonne personne, ces individus persuadés de vouloir continuer à papillonner et qui, amoureux, découvrent les joies de l'engagement.

« Changer ses désirs plutôt que l'ordre du monde », écrivait Descartes dans une formule aux accents stoïciens. Il ne s'agissait pas, pour l'auteur du *Discours de la méthode*, de se découvrir des désirs nouveaux, mais plutôt de renoncer à des désirs irréalisables, de nous inviter à l'humilité, à l'acceptation de ce que nous ne pouvons pas changer. « Changer l'ordre du monde pour le conformer à nos désirs », répond en substance l'arrogant, incapable d'admettre une limite, s'illusionnant sur sa toute-puissance.

Défendre une philosophie de la disponibilité revient à progresser le long de cette ligne de crête, à se tenir aussi éloigné de l'acceptation résignée que du délire de toute-puissance. Celui qui considère l'ordre des choses comme immuable ne sort plus de chez lui. Mais celui qui agit, persuadé de pouvoir imposer ses désirs au monde, se trompe tout autant ; il néglige la résistance du réel et oublie qu'il peut se tromper sur ses propres désirs.

Sortons de chez nous, agissons dans le monde, non pas dans l'espoir fou de plier le réel à notre volonté, mais pour expérimenter. « J'y vais-je vois » : je découvre ce qui est possible, je réalise ce que je désire vraiment.

Mais alors, si nous ignorons parfois ce que sont nos propres désirs, pourquoi renseigner des critères lorsque nous nous inscrivons sur un site de rencontre ? Aurions-nous tort de le faire ? Oui, si nous nous focalisons sur ces critères et ne parvenons pas à donner sa chance à quelqu'un de différent. Non, si nous sommes capables de renseigner des critères et de nous ouvrir ensuite à autre chose. Ici encore, ce qui pourrait sembler un « mauvais début » est avant tout un point de départ : ouvrons le bal, avec ou sans critères – le cours de la vie se chargera du reste. Et privilégions les préférences larges, elles ménagent un plus grand espace à la surprise. L'efficacité redoutable des algorithmes nous épargnera ainsi peut-être l'ironique déconvenue que certains ont connue : retomber sur un(e) ex !

« Ayez l'amour sans le hasard ! » promettait il y a quelques années une publicité Meetic. Étonnant programme, assurément mensonger. Pour rencontrer l'amour, mieux vaut compter sur le hasard, jouer avec lui, le provoquer, en faire son allié plutôt qu'essayer de l'écarter. Toutes les grandes histoires d'amour que la littérature nous conte montrent ce que notre expérience confirme : rencontrer quelqu'un, tomber amoureux, relève de la surprise. Vouloir abolir le hasard par une logique de prévision, de recherche méthodique sur critères, n'est assurément pas la meilleure voie vers la rencontre.

Plutôt qu'abolir le hasard donc, embrassons-le et jouons avec lui. Il est possible de déjouer les algorithmes retors des applis de rencontre en restant vagues et généraux dans nos critères, en ne fermant pas de portes. Le hasard peut alors s'insinuer dans les espaces laissés libres par les prédictions programmées. Nos flâneries sur les applis prennent une autre dimension. Ouverts, curieux, nous y découvrons toutes sortes de profils divers. Dans ce défilement continu et quasi sans fin de personnes, nous nous prenons au jeu de laisser notre attention se faire capter ici par un regard, là par un sourire, par une coupe de cheveux originale, un cadrage, une mise en scène qui reflète une personnalité créative, un style hors normes, autant de petits détails qui nous frappent, nous saisissent, que l'on *like* ou non la personne, et qui nous préparent à une certaine attention à l'autre, à un regard plus attentif et ouvert aux détails qui font le charme. Ces applis, en somme, peuvent être un bon entraînement d'ouverture à l'autre et à laisser le hasard nous guider et nous surprendre. Elles éveillent le plaisir de flâner et de regarder, de faire attention aux gens que l'on croise et aux petites choses qui nous révèlent quelque chose d'eux, ou qui nous charment et nous donnent le sourire. Peut-être même ainsi, à laisser notre regard se porter sur les autres, finirons-nous par croiser celui de quelqu'un, et quelque chose se passera… ou pas. Mais cela peut suffire à embellir une journée et à nous mettre dans de bonnes dispositions.

André Breton n'a pas connu l'ère du numérique et du virtuel, pourtant, cette citation tirée de *L'Amour fou* peut aussi valoir pour les applis de rencontre : « Aujourd'hui encore je n'attends rien que de ma seule disponibilité, que de cette soif d'errer à la rencontre de tout, dont je m'assure qu'elle me maintient en communication mystérieuse avec les autres êtres disponibles, comme si nous étions appelés à nous réunir soudain. J'aimerais que ma vie ne laissât après elle d'autre murmure que celui d'une chanson de guetteur, d'une chanson pour tromper l'attente. Indépendamment de ce qui arrive, n'arrive pas, c'est l'attente qui est magnifique. »

L'attente et ses délicieuses rêveries, son jeu avec le hasard qu'elle veut provoquer, les flâneries physiques ou virtuelles qui l'accompagnent... Cette attente tendue vers la rencontre, physique, réelle, que les applis peuvent favoriser. En laissant le hasard et notre curiosité nous y guider, nous nous ouvrons à un vaste champ de possibles. Le virtuel a au moins cette vertu de pouvoir nous extirper hors de notre cercle social et professionnel, de nous entrebâiller des fenêtres vers des personnes, des espaces auxquels nous n'aurions jamais accédé sans lui. Il faut lui reconnaître cela : il peut nous sortir de nos schémas, de nos représentations socioculturelles, nous ouvre à des autres que nous n'aurions jamais croisés, ou envisagés. Un sourire me fait *liker*, et voilà que moi, urbain et casanier, je dialogue avec une navigatrice qui passe une bonne partie de l'année en mer, une femme à qui jamais je n'aurais porté attention. Pourtant, là, ne sachant rien d'elle, neutre de tout a priori, je me lance, et nous nous découvrons des affinités et une complicité que jamais nous n'aurions pu imaginer. Ce n'est pas plus irréaliste qu'un coup de foudre en pleine rue, et pas moins beau. Laisser le hasard présider à nos destins est souvent la promesse des plus belles rencontres.

La surprise est aussi au cœur des grandes rencontres amicales : en ouverture de son recueil *Les Yeux fertiles*, dédié à Picasso, Éluard écrit de son ami qu'il lui est « entré dans le cœur par surprise ». Le poète peut d'ailleurs être défini comme cet être absolument disponible à l'inattendu, à l'accueil de ce qui vient – mots, idées, images, émotions…

Développons donc notre disponibilité en goûtant ce rapport poétique à l'existence. Soyons un peu plus poètes et un peu plus aventuriers, sortons de chez nous, *swipons*, *tchatons*, heureux de ne pas savoir à quoi nous attendre. L'esprit à la poésie et à l'aventure est d'autant plus disponible.

Aurélien rencontre Bérénice

« La première fois qu'Aurélien vit Bérénice, il la trouva franchement laide. Elle lui déplut, enfin. Il n'aima pas comment elle était habillée. Une étoffe qu'il n'aurait pas choisie. Il avait des idées sur les étoffes. » Ainsi s'ouvre *Aurélien*, le grand roman d'amour d'Aragon. L'incipit ne laisse aucun doute, Bérénice ne correspond pas aux critères d'Aurélien ; il la trouve même « franchement laide ». Sans compter qu'elle commet une faute de goût dans le choix de son étoffe : Aurélien avait en effet, écrit Aragon avec ironie, « des idées sur les étoffes »… Leur rencontre aura pourtant lieu. Pourquoi ? Parce que Aurélien saura s'ouvrir à l'inattendu. La rencontre de Bérénice et d'Aurélien est possible parce que le réel s'impose avec plus de force que les représentations qu'ils s'en font ;

leur rencontre a le pouvoir de balayer toutes les « idées » qu'Aurélien possède, sur « les étoffes », mais aussi sur les femmes, l'amour, la société… Bérénice également n'attendait pas celui qu'elle a rencontré et s'imaginait un tout autre homme lorsque ses rêveries se tournaient vers celui dont elle pourrait tomber amoureuse. Et pourtant…

La rencontre, c'est aussi cela : le réel qui balaie nos représentations, nos idées préconçues sur le monde et les êtres.

Pour se rendre disponible, il faut donc aussi assouplir nos attentes, nos critères, nos préjugés. Pareils à des œillères, ces derniers restreignent notre champ de vision et nous empêchent d'envisager ce qui pourrait faire notre bonheur. Débarrassons-nous de nos restrictions, remettons en question nos convictions et nos certitudes.

L'ami évoqué précédemment était convaincu de trouver son bonheur dans une famille recomposée avec des enfants du même âge. Il était sûr de lui, il ne voulait plus de nouveau-né. Aujourd'hui, il ne sait pas dire d'où lui venaient ces idées. Le mouvement de la vie les a emportées, tel un fleuve charriant son limon. Bien souvent, nous confondons de simples jugements hâtifs, déposés à la surface de notre esprit par une mauvaise expérience, un conformisme de pensée ou l'écho déformé d'une histoire entendue, avec d'authentiques convictions. Savoir démasquer ces opinions fragiles et, au-delà, être capable de troquer nos certitudes par du doute : là réside le secret de notre disponibilité.

Alors que j'écris ces lignes, par un heureux hasard, la chanson « Nue » de Clara Luciani passe à la radio : « J'ai enlevé mes bijoux / Démaquillé le noir à mes yeux / Ôté le rose à mes joues / Et je viens nue vers toi », y chante-t-elle, répétant les deux derniers vers. Intéressant double sens de ces paroles : « venir nue vers toi », c'est aussi venir à ta rencontre vierge de toute certitude, de tout préjugé, peut-être même de toute attente.

Ainsi, la disponibilité inclut une forme de scepticisme au sens noble, tel que défini dans la philosophie antique : une capacité à « ne pas savoir ». Si je *sais* qu'une femme désirant des enfants ne peut pas me rendre heureux, je ne serai pas ouvert à une possible histoire avec elle. Mais si je suis sceptique, si *je ne sais pas* si une telle femme est faite ou non pour moi, alors il me faut aller à sa rencontre.

Le terme sceptique, qui vient du grec *skeptikos* (« observateur »), renvoie d'ailleurs moins à la notion de doute qu'à celle de suspension du jugement, véritable horizon des premiers sages sceptiques comme Pyrrhon d'Élis ou Sextus Empiricus. Leur proposition existentielle est radicale mais libératrice : je comprends que je pourrais pencher d'un côté ou de l'autre, j'*observe* les arguments et mets en lumière contradictions et incertitudes, mais je reste en retrait, refusant de prendre position en vertu du principe d'« indiscernabilité », je *suspends mon jugement*. Je ne sais pas ce qui est préférable : une femme désirant des enfants ou une femme qui n'en désire plus. En refusant de trancher, je reste disponible à chacune.

Je vous propose un petit exercice mental. Faisons travailler notre imagination. Nous avons une attente très précise et visualisons avec précision la personne que nous désirons : son apparence, sa taille, son regard, son métier, ses réactions, sa façon de penser, de parler, de faire l'amour… Le sort nous sourit au-delà de nos attentes réalistes et place sur notre route l'incarnation parfaite de nos rêves (ce qui est évidemment impossible dans la réalité). Parlerait-on encore de rencontre ? L'absence totale de surprise n'effacerait-elle pas jusqu'au sentiment d'avoir rencontré quelqu'un ? Nous comprenons mieux la résonance d'une phrase aussi simple que « J'ai rencontré quelqu'un » – confidence faite à un ami, un parent, un psychanalyste… Cette formule signifie en fait : « J'ai rencontré quelqu'un *qui m'a surpris* », qui a déjoué mes attentes, et cela me plaît.

La surprise fait le sel de la rencontre, ce décalage entre ce que je m'imaginais et ce qui est advenu. On peut d'ailleurs le dire de la rencontre d'une personne comme de celle d'une œuvre d'art.

Rencontrer une œuvre d'art ?

Lorsqu'une rencontre a lieu avec un tableau, un film, une chanson… elle tient également du choc, de la surprise. Lorsque nous tombons en arrêt devant un autoportrait de Rembrandt, un paysage impressionniste de Monet ou une peinture abstraite de Rothko, nous rencontrons autre chose que ce que nous pouvions avoir anticipé. Même si nous en avons entendu parler, même si nous savons à quel courant ou à quelle école rattacher ce tableau, il nous touchera à la condition d'échapper à toute catégorisation. L'art n'est pas réductible à ce que nous en savons, il nous touche à condition de nous surprendre. « Le beau est toujours bizarre », écrivait Baudelaire. À nous d'être ouverts à cette étrangeté, à l'écoute de notre émotion, à nous de savoir mettre de côté notre savoir, le « pourquoi c'est beau ». Ce qui compte est moins les raisons raisonnantes que ce que la beauté provoque en nous ; elle nous met à l'écoute, nous dispose à juger sans critères, à nous faire confiance. Ce n'est pas beau « parce que », c'est beau en dehors et au-delà de toute raison. C'est beau parce qu'il n'y a pas de parce que. Ici encore, être pleinement disponible revient à n'avoir pas d'idées arrêtées, pas de critères précis, en somme pas d'attentes. L'important est d'arriver face à l'œuvre prêt à l'accueillir dans son *originalité*. Notre connaissance, nos idées à son sujet ne sont pas des obstacles si elles ne prétendent pas en épuiser le sens, si nous restons capables de percevoir dans un tableau, une sculpture ou un film plus que le savoir objectif qui s'y rapporte. Certains guides font cela à merveille : nourrir le mystère de la toile plutôt que chercher à l'élucider, nous donner des éléments de contexte pour favoriser la rencontre. Ils nous ouvrent la voie, à nous de l'emprunter, librement, notre sensibilité propre en éveil.

L'essentiel dépend de toute façon moins des guides que de nous. La disponibilité est une disposition dont nous sommes seuls responsables. Si nous cherchons à vérifier que telle œuvre correspond bien à sa notice dans un catalogue ou dans un livre d'histoire de l'art, qu'elle est « digne de sa réputation », nous avons toutes les chances d'amputer notre plaisir esthétique. Nous ressortirons peut-être du musée plus cultivés, mais nous n'aurons rencontré aucun tableau et, *a fortiori*, aucun peintre. Nous avons tous déjà vécu cette expérience : nous cherchons dans un musée une œuvre particulière, dont nous avons repéré l'emplacement. Nous ne l'avons pas encore rejoint mais, sur le chemin, une autre toile, dont nous ne savons rien, nous arrête. Et c'est avec celle-ci, surgie au hasard, que la rencontre se produit. Le tableau, lui aussi, nous entre « dans le cœur par surprise », pour reprendre les mots d'Éluard parlant de Picasso. Sa beauté bizarre nous fascine, elle est inexplicable, indéfinissable par le seul biais de la raison, elle nous *provoque*. Cela n'aurait pas été possible si nous avions gardé le nez dans le plan du musée, concentrés sur notre objectif, branchés à notre GPS mental. En déambulant, en faisant du hasard notre allié, nous nous sommes rendus disponibles au surgissement de l'inattendu.

« Je me moque de la peinture, écrit Christian Bobin dans *Pierre*. Je me moque de la musique. Je me moque de la poésie. Je me moque de tout ce qui appartient à un genre et lentement s'étiole dans cette appartenance. Il m'aura fallu plus de soixante ans pour savoir ce que je cherchais en écrivant, en lisant, en tombant amoureux, en m'arrêtant net devant un liseron, un silex ou un soleil couchant. Je cherche le surgissement d'une présence, l'excès du réel qui ruine toutes les définitions. »

Cet être dont je suis tombé amoureux, ce soleil couchant qui m'a surpris au sortir d'un sous-bois, ce tableau découvert au hasard d'une déambulation…

tous ont « surgi » dans leur « présence » ; une présence telle qu'elle rend les définitions hors de propos, vaines. Que m'importe celle de l'impressionnisme quand je suis fasciné par la lumière de ce tableau de Monet ? Que m'importe la physique chromatique quand je suis face à ce coucher de soleil ? Que m'importe la définition de l'amour ou de l'amitié quand je viens de te rencontrer, toi, si unique, singulier, que j'en ai le souffle coupé ? « Le surgissement d'une présence, l'excès du réel qui ruine toutes les définitions » : voilà une belle manière d'évoquer la rencontre ! Plus nous avons d'attentes, plus nous sommes tournés vers l'avenir, plus nous risquons de passer à côté de ce surgissement. À l'inverse, moins nos attentes sont précises, plus nous sommes attentifs à ce que le moment peut nous offrir. Il n'y a pas de disponibilité véritable sans attention au présent.

Attention versus *concentration*

Je me souviens de mon professeur de philosophie, en ce matin d'automne 1990. J'observe par la fenêtre les feuilles mouillées d'un marronnier, leur vert presque fluorescent, rehaussé par la pluie. Il parle et je l'écoute. Il parle et je tourne mon regard vers lui. Je l'écoute d'ailleurs plus que je ne le regarde. « Les voix, écrit encore Christian Bobin, sont des trésors que les gens nous donnent, même les avares. » En me confiant ce trésor, sa voix de fumeur à la fois grave et chantante, mon professeur m'invite à être présent. Dans la qualité de cet instant, quelque chose se ramasse, s'élabore. Je l'écoute nous parler de l'amour selon Hegel sans être *concentré* au sens propre ; je ne fais en tout cas aucun effort pour. Je suis en revanche profondément intéressé par ce qu'il dit, par la manière dont il le dit, comme d'ailleurs je suis happé par le spectacle de la pluie qui vient piquer la vitre et par mes camarades de classe – celles et ceux qui ont l'air passionnés, les autres qui semblent s'ennuyer… Je suis pleinement présent. Il ne s'agit pas d'une attention focalisée, dirigée vers un but précis, mais d'une attention au sens large, ouverte, un état général d'éveil. Là s'exprime la vraie disponibilité. Ce matin-là, en écoutant mon professeur, je n'ai pas d'attentes particulières et c'est pourquoi je suis capable d'une telle attention au présent. Je ne sais pas que je ferai plus tard le même métier, je n'attends pas de ce cours qu'il m'apporte une bonne note au bac, ni même qu'il m'éclaire sur la vérité de l'amour. Libre de toute expectative, je m'ouvre à ce qui me vient : je suis pleinement disponible.

Avec près de trente ans de recul, je crois pouvoir situer à cet instant la naissance de ma vocation, à ce matin d'automne au lycée Jean-de-La-Fontaine. J'accueillais un présent sans rien lui demander d'autre que d'être là, et c'est précisément pour cette raison qu'il a ouvert un avenir. Depuis ce jour, je lis quotidiennement de la philosophie et n'hésite pas à consulter Platon ou Hegel dans les moments difficiles. Cette discipline est devenue mon métier. Lorsque nous sommes ainsi disponibles, le présent nous fait parfois ce cadeau de nous offrir un avenir.

Le temps s'écoule différemment lorsque nous sommes attentifs. Il n'est plus celui de l'horloge.

Il peut être « mis sur pause » en un instant suspendu de pur éblouissement, s'accélérer dans une phase d'excitation. Ainsi, nous avons l'impression de parler avec un ami depuis dix minutes quand nous sommes ensemble depuis une heure. Être présent au point de pouvoir arrêter le temps ou l'accélérer, de le goûter pleinement, revient à sortir du temps de l'horloge pour entrer dans ce que Bergson nomme la durée : le temps subjectivement vécu.

La rencontre exige cette disponibilité-là : être capable de prendre son temps, de le perdre aussi, de s'arracher à la dictature des choses à faire, à la pression de l'urgence. C'est souvent à l'adolescence que se tissent les amitiés durables. À l'âge adulte, pris par notre « vie active » et les contraintes de notre vie de famille, nous sommes moins disponibles. Nous n'avons plus de temps « à perdre ». Mais avec toi je me révèle dispendieux, en discutant de tout et de rien, en flânant, en « traînant », je me donne le loisir de te rencontrer. Nous sommes de plus en plus pressés de rencontrer quelqu'un, alors qu'il faut justement savoir prendre son temps. Le temps est devenu une valeur. Nous surchargeons nos agendas pour donner l'impression d'une vie bien remplie, d'une réussite sociale, professionnelle ; être débordé est devenu un signe extérieur de richesse. Celui qui a du temps fait figure d'oisif, de paresseux, voire de *loser*… Nous en venons à détruire la possibilité même de notre disponibilité. Comment être attentif au présent si chaque « créneau » de ce présent a été réservé des semaines auparavant ? Comment te rencontrer si je n'ai plus de « dispo » dans mon agenda ?

L'heure de la retraite offre souvent l'occasion d'un nouveau rapport au temps, plus proche de celui de l'adolescence, et donc plus propice à la rencontre. D'où le nombre croissant de belles histoires d'amour qui se nouent au troisième ou au quatrième âge. Mais faut-il attendre jusque-là ? Ne peut-on pas reprendre, à tous les âges de la vie, notre pouvoir sur le temps ?

> « Il n'y a plus d'horloge, plus de clocher
> Dans le square les arbres sont couchés
> Je reviens par le train de nuit
> Sur le quai je la vois
> Qui me sourit »
>
> Christophe, « Les Mots bleus »

« Il n'y a plus d'horloge, plus de clocher », chante Christophe. Certaines rencontres nous donnent cette impression d'un instant hors du temps : l'horloge qui nous tyrannisait a disparu, et avec elle le clocher qui lui donnait cette position dominante. Nous voilà enfin présents. Nous saisissons un sourire qui nous aurait peut-être échappé, quelque chose qui se dévoile soudain au fond des yeux de l'autre, cette petite gêne qui trahit la personne en face de nous, ou même une trouée de lumière dans un ciel chargé. La rencontre des autres et du monde devient possible. « J'aime le silence immobile / d'une rencontre. » Trop affairés, pressés, pris dans le vacarme du monde, nous ne savons plus faire de place à ce « silence immobile ».

Une expérience de psychologie, réalisée par les Américains Daniel Simons et Christopher Chabris en 1999, montre que l'attention véritable est entravée par la concentration. Des joueurs de basket se font des passes. Certains sont vêtus de noir, d'autres de blanc. Il est demandé aux spectateurs de compter les passes que se font les joueurs blancs, ce qui focalise leur attention. Après quelques minutes, un homme déguisé en gorille traverse le terrain et fait un salut en direction du public. 50 % des participants ne le remarquent pas. Preuve que lorsque notre attention est trop focalisée, lorsque nous sommes concentrés sur notre tâche, une finalité, nous devenons aveugles à une partie de ce qui se déroule sous nos yeux. 50 % des participants n'ont pas vu l'inattendu, la surprise : le gorille. Mais 90 % des hommes et des femmes interrogés affirment qu'ils remarqueraient le gorille s'ils participaient. Cela montre que nous ignorons combien est fragile notre attention. Simons et Chabris parlent de « cécité d'inattention » (*inattentive blindness*) pour qualifier les 50 % qui n'ont pas remarqué le passage du grand singe. Devant une telle proportion d'« aveugles » à l'inattendu, on imagine avec effroi tous les rendez-vous manqués, toutes les opportunités qui nous passent sous le nez, toutes ces rencontres qui n'ont pas lieu simplement parce que notre attention est trop focalisée et devient un obstacle à l'attention ouverte.

Or, notre époque sollicite notre attention davantage que les époques passées. Comment être capable de disponibilité quand les fils d'actualité, les *likes* et les notifications ne cessent d'attirer notre attention ? Comment être attentif à ce que je ressens, à la présence des autres, au réel quand j'ai les yeux baissés sur mon téléphone et que je suis en train de *scroller* ? Ici encore, l'usage d'une technologie n'est pas neutre.

Être bombardé par autant d'informations, de sollicitations, nous installe dans une position de voyeur passif, mi-moqueur mi-envieux, bientôt indifférent. Ce n'est assurément pas le meilleur état mental pour rencontrer quelqu'un. Il nous est à tous arrivé de marcher dans la rue la tête rentrée dans les épaules, pressés, les yeux rivés à notre smartphone. L'image résume le mal de notre temps. Combien d'inconnus qui le resteront à jamais parce que nous avons été divertis par une notification ou une publication sur un quelconque réseau social ? Comment se rendre disponible à la rencontre quand on ne regarde même plus autour de soi ?

Certains professeurs reprochent à leurs élèves leur manque d'attention comme de concentration, et font l'amalgame entre deux reproches différents. Ils réduisent l'attention à l'attention focalisée, qui n'est rien d'autre que la concentration, oubliant cette attention ouverte que Simons et Chabris nomment « attention partagée », cette manière d'être présents, attentifs à plusieurs choses à la fois, de « partager » notre attention.

« Il faut former les élèves à l'attention », préconise la philosophe Simone Weil dans *La Pesanteur et la Grâce*. L'attention implique un oubli de soi quand la concentration reste une performance personnelle. « L'attention absolument pure est prière, [...] ne rien chercher et être prêt à recevoir, c'est le mouvement de la grâce », poursuit-elle. Si la grâce évoquée ici est d'ordre religieux, Simone Weil précise qu'il en va de Dieu comme de notre prochain : c'est en l'attendant sans le chercher qu'on le rencontre vraiment, en se débarrassant également d'un ego trop encombrant.

La « grâce » est cette rencontre qui nous « tombe dessus », qu'il s'agisse de celle de Dieu ou d'un être humain. Simone Weil elle-même ne s'attendait pas à vivre l'expérience mystique qui a bouleversé sa vie lorsque à la lecture d'un poème – *Amour*, de George Herbert – elle a senti la présence du Christ la traverser. « Les biens les plus précieux ne doivent pas être cherchés mais attendus, sinon on ne trouverait que des faux biens », résume-t-elle en une jolie critique de l'insistance volontariste. « Attendus » au sens non d'une attente précise, mais d'une attention pleine, ouverte, partagée, vivante. Une attente oui, mais sans véritable objet.

Je me souviens des mots employés par mon professeur de philosophie il y a trente ans pour qualifier l'amour chez Hegel, comme je me souviens de la couleur des feuilles du marronnier par la fenêtre ce matin-là. Je me souviens même de la question trop scolaire d'un de mes camarades de classe qui s'appelait Séverin, et du jean délavé que portait une certaine Vanessa. Ces paroles et ces images se sont gravées dans ma mémoire parce que j'étais, en ce matin d'automne, non parfaitement concentré, mais pleinement disponible, capable de cette attention sans objet dont parle Simone Weil. Parce qu'il y avait en moi de la place pour elles, et pour toutes les émotions qui les accompagnent. Si j'avais été concentré, volontaire, tendu vers un but, je ne leur aurais pas laissé d'espace ; elles n'auraient pas pu s'installer en moi durablement. Se rendre disponible à la rencontre, c'est lui ouvrir un espace et lui donner du temps.

3

Tomber le masque
La puissance de la vulnérabilité

Nous nous croisions depuis des années sans faire attention l'un à l'autre. Nous avions des amis communs, fréquentions le même lycée, ou entretenions depuis longtemps de bonnes relations professionnelles. Et puis un jour… Nous sommes devenus amis. Que s'est-il passé ? Qu'est-ce qui a changé, rendu la rencontre possible ? C'est une des énigmes de celle-ci : il arrive parfois qu'elle intervienne en un instant précis, après des mois voire des années de rendez-vous manqués. Pourquoi maintenant, à cet instant particulier ?

Une des explications possibles est que l'un de nous deux, peut-être les deux – mais quelqu'un doit ouvrir la voie –, s'est départi de son « meilleur profil », ce visage social présenté comme une carte de visite, pour se montrer sous un jour moins lisse, plus humain, plus sincère, et vulnérable. L'empathie, le partage sont difficiles quand chacun s'accroche à son image et refuse de se dévoiler. Lorsqu'en revanche nous assumons nos doutes ou nos craintes, lorsque nous osons les confier à autrui, cessons de tout calculer, de nous demander comment chaque mot sera reçu, alors un espace s'ouvre, et la rencontre devient possible.

Le mot « personne » vient du latin *persōna*, qui renvoie au masque de théâtre. Selon cette étymologie, être une personne signifierait moins être un individu singulier doué de sa propre subjectivité, comme on l'entend aujourd'hui, que correspondre à son image sociale, bien *jouer son rôle* sur la scène de la société. Or, c'est précisément ce qui entrave la possibilité de la rencontre : si chacun suit scrupuleusement sa partition, s'applique à « tenir son rôle », il n'y a pas de place pour la surprise ou l'empathie. Mais quand tombe le masque (la *persōna*), la véritable personne peut apparaître. En se montrant vulnérable, ou plutôt en cessant de masquer sa sensibilité, on permet à l'autre de nous atteindre, on devient intéressant, touchant. Il suffit parfois de se détacher du social pour s'attacher aux autres.

« Tu n'es aimé que lorsque tu peux te montrer faible sans provoquer une réaction de force », écrit Adorno dans les *Minima Moralia*. Nous pouvons en effet dévoiler nos faiblesses et donner l'occasion à autrui non d'affirmer son ascendant, mais d'exprimer son empathie ; alors il peut devenir notre ami.

Benoît XVI et le futur pape François

Les Deux Papes, film de Fernando Meirelles, avec Anthony Hopkins dans le rôle du pape Benoît XVI et Jonathan Pryce dans celui de Jorge Mario Bergoglio, le futur pape François, offre une belle illustration de cette idée de dévoilement pour aller vers l'autre. Il donne à voir la naissance d'une amitié entre deux hommes que tout semble opposer.

Benoît XVI est un grand bourgeois érudit, un homme de pouvoir, un conservateur. Il conçoit la papauté comme une fonction de gardien du dogme de l'Église – le « gardien du temple ». S'il lui arrive en privé d'être nuancé sur des sujets comme le célibat des prêtres ou l'homosexualité, il n'en montre rien dans ses prises de position officielles. Jorge Bergoglio, lui, est un homme simple, amateur de basketball et de football, ayant exercé différents métiers avant de devenir prêtre. Il se méfie du pouvoir et estime, en disciple de saint François d'Assise, qu'il n'y a pas de foi sans cette humilité dont Jésus a montré l'exemple. Heurté par le faste du Vatican, écœuré par les manœuvres de pouvoir dont le Saint-Siège est le théâtre, il est profondément meurtri par la manière dont les affaires de pédophilie continuent d'être minimisées ou étouffées par l'Église. Alors que Benoît XVI est parfaitement à l'aise dans ses souliers rouges vernis de pape, Jorge Bergoglio voudrait, lui, marcher pieds nus aux côtés des exclus et des dominés. Élu pape, il se fera appeler François pour inscrire ses pas dans ceux du Pauvre d'Assise. Au début du film – inspiré de faits réels –, on sent tout le mépris de Benoît XVI pour Bergoglio ; ses efforts pour justifier l'immuabilité du dogme malgré les secousses de l'histoire seraient sapés si ce Bergoglio venait à lui succéder.

Jorge Bergoglio obtient une entrevue, mais Benoît XVI rejette sa démission de son poste d'évêque de Buenos Aires. En désaccord avec la politique du pape, il est pourtant impossible à Bergoglio de poursuivre sa mission. Leur confrontation est pleine de violence contenue : deux visions de la papauté s'affrontent et, par-delà, deux visions du christianisme, de la foi. Bergoglio veut réformer une Église qui s'est éloignée de la parole de Jésus autant que de son époque. Pour Benoît XVI, au contraire, une institution ne peut jouer son rôle qu'à la condition de demeurer identique à elle-même, immuable jusqu'au cœur du tumulte de l'histoire. Dans « institution », affirme-t-il en substance, il y a « tuteur » ; pour que la plante pousse droite, il faut que le tuteur reste fixe et la soutienne. Tandis qu'ils évoluent dans le luxueux jardin de la résidence d'été du Vatican, chacun campe sur sa position. Ils s'affrontent, mais ne se rencontrent pas tant l'un et l'autre sont persuadés d'avoir raison. Sur la question des prêtres pédophiles, Benoît XVI ose évoquer le pardon, difficile certes mais comme l'est tout pardon : les prêtres sont des pécheurs comme les autres… « Quand on ne protège pas assez les potentielles futures victimes, lui rétorque sèchement Jorge Bergoglio, cette évocation du pardon est inaudible. » Il reste courtois, mais l'attaque est rude : il reproche au pape son silence et lui laisse entendre qu'il y voit plutôt de l'indulgence, de la complicité. Ils ne peuvent se rencontrer parce que chacun se trouve précisément face à la personne attendue. Bergoglio est exaspéré par la rhétorique parfaite mais sans cœur de Benoît XVI. Ce dernier ne supporte pas la manière dont François le rappelle sans cesse au message de Jésus. En insistant pour que Benoît XVI accepte sa démission, Bergoglio est à la limite de l'affront. En la rejetant systématiquement, Benoît XVI lui rappelle que c'est lui qui détient le pouvoir. Ils se séparent sur ce désaccord, mais vont se retrouver quelques heures plus tard, et c'est celui dont on attend le moins – le pape Benoît XVI – qui va tomber le masque le premier.

Mélomane et pianiste, il propose à Bergoglio de lui jouer un morceau. Le théologien rationaliste laisse alors place à un interprète sensible. Puis il insiste pour que Bergoglio reste un peu. Il a été un solitaire toute sa vie, mais il ne s'est jamais senti aussi seul qu'à présent, confie-t-il. Le ton a changé, ce qu'il s'efforce d'exprimer reste énigmatique. Bergoglio se voit déstabilisé. Il demande une nouvelle fois au pape de lui signer sa lettre de démission. Soudain Benoît XVI se tourne vers lui et, après un silence, lui révèle ne plus entendre la voix de Dieu. Il a encore la foi, mais il n'entend plus sa voix. La solitude l'étreint. Bergoglio regarde Benoît XVI, cet homme sûr de lui, arrivé au sommet du pouvoir, vient de lui faire la confidence la plus inouïe : il ne croit plus en Dieu. Du moins sa foi vacille. Comment alors rester le berger de millions de fidèles ? En présence de Bergoglio, de la pleine force de sa foi, Benoît XVI prend la mesure de cette ombre portée sur la sienne. Il lui dit qu'il veut renoncer. Démissionner, lui aussi. Dans toute l'histoire de la papauté, la démission du Saint-Père ne s'est présentée qu'une seule fois. Bergoglio est stupéfait. Cette fragilité de Benoît XVI n'est pas selon lui une raison de démissionner. Bien au contraire. Elle pourrait rapprocher Benoît XVI de Dieu, le guérir de son arrogance, lui ouvrir à nouveau le cœur : « C'est notre faiblesse qui attire la grâce de Dieu, lui dit-il, on lui montre notre faiblesse, et il nous donne des forces. »

Bergoglio porte son regard sur Benoît XVI, il semble le voir pour la première fois. Mais il n'est pas au bout de ses surprises. Le pape poursuit : il peut démissionner, il a trouvé son successeur, l'homme dont l'Église a besoin, capable de la réconcilier avec son peuple. Ce successeur, qu'il considérait il y a peu comme le pire qui soit, il sait maintenant qu'il l'a en face de lui.

Bergoglio ne veut rien entendre. Même ce jardin de la résidence d'été du Vatican lui fait honte : ce luxe est un scandale, cette volupté un affront. Alors le Vatican… Benoît XVI insiste : cette façon de vivre dans sa chair la parole de Jésus, n'est-ce pas *exactement* ce dont l'Église a besoin ?

Parce que Benoît XVI a tombé le masque, Bergoglio le tombe à son tour. « Je ne peux pas », répète-t-il, la voix tremblante d'effroi. La confidence de Benoît XVI – presque une confession – l'a libéré lui aussi ; le voilà qui se livre.

Des années auparavant, alors qu'il était responsable des jésuites en Argentine, une junte militaire a pris le pouvoir et imposé une dictature qui a duré sept ans, de 1976 à 1983. De nombreux prêtres, notamment ceux que l'on a appelés les « prêtres ouvriers », ont rejoint la résistance pour lutter contre ce pouvoir illégitime qui voulait contrôler jusqu'aux prêches et fermer les églises tenues par les « rebelles ». Bergoglio n'a pas choisi la résistance. Il a caché des prêtres, favorisé la fuite hors d'Argentine de ceux qui étaient menacés, mais il a maintenu le dialogue avec la dictature. Il l'a fait pour temporiser, sauver des vies, obtenir des compromis… Et pendant qu'il négociait, les militaires organisaient des centaines d'assassinats d'hommes et de femmes d'Église. Beaucoup de celles et ceux qu'il espérait sauver sont morts.

C'est au tour de Benoît XVI de porter un regard neuf sur Bergoglio. Benoît XVI en était informé, il sait que l'évêque de Buenos Aires a été traité de « collabo ». Mais le récit de Bergoglio n'est pas terminé. Il raconte avoir connu un amour de jeunesse, auquel il a renoncé pour entrer dans la prêtrise. Du jour où il a fait part à cette femme de son choix déchirant, il ne l'a jamais revue. Bergoglio a vécu les années qui ont suivi en portant dans son cœur, malgré la lumière de la foi, une part d'ombre, le deuil d'un amour qui aurait pu être partagé, vécu au quotidien, et le soupçon d'un renoncement. Mais il a appris à vivre avec, continuant à l'aimer d'un amour qu'elle ne pouvait comprendre. Et il était heureux de l'imaginer s'épanouir avec un autre. Jusqu'au jour où il a découvert qu'elle faisait partie des résistants assassinés par la junte, dont les corps avaient été jetés à la mer.

Dans les yeux de Benoît XVI, la surprise le cède à cette forme d'amour qu'est la tendresse : Jorge n'est plus seulement ce prêtre irréprochable, humble parmi les humbles, indéfectiblement cohérent. Lui aussi porte le poids du remords, le fardeau de ses manquements. Il répète qu'il ne peut être pape… Le passé lui pèse trop, rien ne peut l'effacer.

Nous nous ressemblons tous : nous nous ressemblons par nos souffrances et nos incohérences, parce que nous sommes imparfaits et nous épuisons pour le cacher. Ces efforts nous accaparent : nous voulons tant nous convaincre nous-mêmes que nous n'avons plus de place pour les autres. Nous croyons que le masque nous protège alors qu'il nous isole : nous oublions que nos échecs nous rapprochent plus que nos succès. Pour que Jorge Bergoglio rencontre Benoît XVI, il aura fallu que ce dernier lui fasse un impossible aveu. Pour que Benoît XVI rencontre Jorge Bergoglio, il aura fallu que François lui montre un peu de sa souffrance. Leur amitié est née ce soir-là, et elle dure encore. Benoît XVI, redevenu Joseph Ratzinger, est de ceux que le pape François consulte régulièrement.

« *There is a crack in everything, that's how the light gets in* », chante Leonard Cohen dans « Anthem » : « Il y a une faille en toute chose, c'est par là qu'entre la lumière. » L'amitié, l'amour sont pareils à ce rai de lumière : ils rayonnent loin, pourvu qu'une faille les laisse passer. « On lui montre notre faiblesse, et il nous donne des forces », dit le futur pape François de Dieu. Cela s'applique tout aussi bien à un ami.

Telle est la puissance de la vulnérabilité, au sens grec, aristotélicien, du terme « puissance » : ce qui rend possible autre chose. La rencontre entre les deux papes n'est advenue que lorsque les masques sont tombés, dévoilant leurs failles. Arracher son masque est difficile, *a fortiori* quand on est le pape et que ce masque immense, terriblement imposant, est sous le regard du monde entier. Et pourtant, dans l'intimité d'un instant partagé, cela devient possible. Si même eux sont capables de tomber le masque, qu'est-ce qui pourrait nous en empêcher ?

Oser se montrer vulnérable permet de briser d'un coup tout un jeu de postures et de rôles qui font barrage à la rencontre, de proposer un autre type de lien, différent du contact social habituel. Cela passe souvent par le récit d'un passé, comme le fait Jorge Bergoglio. Quelle plus belle porte d'entrée dans le présent de quelqu'un ? Dans le récit qu'un être fait de son histoire surgissent ses émotions, qui résonnent chez l'autre.

Se montrer vulnérable autorise l'autre à faire de même, à oser se montrer comme il est, sans craindre d'être jugé, selon une loi élémentaire de la psychologie humaine : la réciprocité. Observant les sociétés primitives, l'anthropologue Marcel Mauss avait déjà repéré combien un don appelait automatiquement, en retour, un « contre-don ». Donnez à l'autre, et il vous donnera en retour. Invitez des amis à dîner, et ils vous rendront la pareille. Il se joue ici moins une convention sociale qu'une constante de la psychologie humaine.

Le film *Les Deux Papes* montre bien cette mécanique de la réciprocité. En baissant la garde le premier, Benoît XVI fait plus qu'inviter Jorge Bergoglio à faire de même ; il l'y oblige presque. Une fois que Benoît XVI lui a confessé l'inavouable, comment Jorge pourrait-il rester sur sa réserve ? Ne pas baisser la garde aurait été désobligeant. La baisser est un soulagement, et un pas en avant.

La douceur de l'amitié

Dans un commentaire sur la conception aristotélicienne de l'amitié, le philosophe italien Giorgio

Agamben définit l'ami comme un autre soi avec lequel on partage « la douceur même d'exister ».

Cette définition de l'amitié est au premier abord surprenante. Dans l'*Éthique à Nicomaque*, Aristote définit avant tout l'ami comme celui qui nous permet de réaliser nos potentialités, de progresser, de devenir meilleur. Giorgio Agamben ne contredit pas cette définition, mais il trouve dans le chef-d'œuvre d'Aristote une idée selon lui plus importante et passée inaperçue : un ami, c'est quelqu'un qui nous rend la vie plus douce. Voilà pourquoi nous pouvons rester silencieux en sa compagnie sans ressentir de gêne, discuter des heures en oubliant le temps qui passe, se laisser aller à des confidences. L'ami, par sa présence, nous permet d'éprouver la douceur de vivre même dans les moments les plus difficiles. L'expérience est universelle : nous ne nous sentons pas bien, appelons un ami et marchons vers le lieu de rendez-vous, l'esprit pesant de ce que nous avons sur le cœur et qui nous absorbe tout entier À peine l'avons-nous retrouvé, à peine sommes-nous assis en face de lui, que la vie semble soudain plus légère, plus douce. Le problème n'est pas résolu, mais quelque chose a changé. Il n'a pas encore parlé, mais il est là, et sa présence suffit. Avant même que le dialogue s'engage, nous retrouvons la chaleur de ce lien, quelque chose qui est à nous, entre nous, et qui nous réconforte. C'est cela que les deux papes vont découvrir lors de la soirée de leur rencontre qui leur permettra même de rire de leurs travers : une douceur de vivre qui ne peut s'éprouver dans la solitude. Mais pour y goûter, il aura fallu qu'ils sachent se montrer vulnérables.

Parce que je suis fragile, parce que la vie est dure, j'ai besoin de douceur. Oser se montrer vulnérable, c'est donner sa chance au doux réconfort de l'amitié.

La délicatesse

Il faut cependant de la retenue, une certaine pudeur dans le dévoilement de sa vulnérabilité. éviter de prendre l'autre en otage, de lui jeter ma souffrance au visage. C'est une question de moment, de *kaïros*, de tact, de délicatesse. Me montrer vulnérable doit aller de pair avec une écoute sensible de l'autre, une attention ouverte à lui. Tomber le masque trop tôt, de manière impudique ou déplacée, sans souci de son propre ressenti, risque de le faire fuir, ou de le heurter. Il serait malvenu de confier mes états d'âme amoureux à quelqu'un dont le couple bat de l'aile ou qui souffre d'un célibat subi. De même, le choix des mots est essentiel, je ne vais pas évoquer de la même manière l'épuisement provoqué par un travail passionnant, voire un burn-out qui me guette, si mon interlocuteur vient de perdre son emploi. Notre rencontre dépendra de la délicatesse avec laquelle je saurai montrer ma vulnérabilité tout en prenant en compte la sienne, en faisant attention au moment mais aussi aux mots, ceux que je peux dire, ceux qu'il est préférable de taire.

Le nom « confident » vient d'ailleurs du latin *confido*, qui désigne celui en qui on peut avoir confiance, et en anglais la confiance se dit *confidence*. En me confiant à l'autre, en tombant le masque devant lui, je l'investis d'une responsabilité : je lui demande de prendre soin de moi. Et ce que je lui donne en échange a une grande valeur : un peu de ma vérité, beaucoup de ma fragilité et mon entière confiance. Mais j'attends aussi beaucoup de lui. À moi de le faire avec cette forme subtile de générosité qui s'exprime par le tact et la délicatesse.

Notre époque ne nous encourage pas vraiment à tomber le masque, mais plutôt à poster sur les réseaux sociaux les *selfies* les plus avantageux, à changer notre photo de profil en fonction du nombre de *likes* qu'elle suscite. Nous jouons sur Instagram à donner l'image de vies parfaites, et dans cette mise en scène de notre quotidien – photos filtrées de nos lieux de vacances, plats ou tablées présentés sous leur meilleur angle, amis beaux et souriants… –, tout est fait pour donner à voir notre réussite plus que notre vulnérabilité, sans aucun égard pour celles et ceux qui pourraient recevoir un tel étalage de succès factices ou de simulacres de bonheur comme une agression.

Au lieu de tomber le masque, nous allons jusqu'à publier des *selfies* retouchés pour engranger le maximum de pouces levés. Pire encore, les chirurgiens plasticiens font face à des demandes de plus en plus fréquentes de patients désireux de devenir cette version artificielle d'eux-mêmes, prêts à payer pour avoir un nez plus fin, des yeux plus grands, un visage plus symétrique – bref ressembler à ces portraits obtenus à coups d'algorithmes « maquilleurs ». Face à ce phénomène inquiétant, les dirigeants d'Instagram ont même dû supprimer les filtres en question. Les outils technologiques mis à notre disposition nous laissent croire qu'il faudrait présenter aux autres un visage sans aspérités, figé en une pose de bonheur triomphal, en un masque esthétiquement optimisé. Voilà le plus sûr moyen d'élever un mur entre soi et l'autre.

Au fond, qu'aimons-nous vraiment chez l'autre ? Sa force ou sa faiblesse ? Le mélange des deux probablement. En confessant sa « crise de foi », Benoît XVI ouvre une fenêtre sur la richesse de son intériorité et capte l'attention de Jorge Bergoglio d'une manière inédite ; soudain, il lui apparaît. En lui les forces et les faiblesses sont étroitement entrelacées, impossibles à démêler.

D'après les chrétiens, nous aimons chez l'autre sa vulnérabilité, car c'est en elle qu'il apparaît vraiment, soudain démasqué, rendu à sa vérité d'homme et d'enfant de Jésus. Or, c'est moins la vulnérabilité d'un être qui nous attire que la complexité qu'elle révèle, cet entrelacement intime de forces et de faiblesses, une complexité que le masque social a pour fonction de recouvrir.

Même quand l'autre nous séduit par sa force (son aisance, son charisme, le récit de ses réussites…), nous sentons parfois affleurer sa vulnérabilité et il nous séduit d'autant plus. Nous pouvons aussi admirer combien il a su composer avec ses fragilités, en faire une force, ou sa façon de les avouer, voire de se débattre avec elles. Parfois, il nous semble même être les seuls à déceler cette fragilité à laquelle les autres sont aveugles, créant ainsi spontanément un lien intime entre cette personne et nous. Si rien ne filtrait de sa vulnérabilité, sa complexité ne se laisserait pas entrevoir et nous nous détournerions bien vite. Même si l'autre ne tombe pas franchement le masque, il faut qu'il nous laisse deviner un aperçu de son être véritable pour que nous ayons envie de le rencontrer.

*

Provoquer le hasard par une action spontanée, se rendre disponible à ce que l'on ne connaît pas, oser tomber le masque sans crainte de la réaction de l'autre, autant d'actes qui réclament de la confiance.

Dans *La Confiance en soi, une philosophie*, j'ai montré combien la confiance devait être distinguée du fait d'être sûr de soi. Avoir confiance, c'est s'élancer malgré le doute, apprendre à accepter et même à embrasser l'incertitude malgré l'appréhension, ne pas chercher à se rassurer en l'évacuant.

Les trois grandes conditions de la rencontre que nous exposons dans ce chapitre – sortir de (chez) soi, se rendre disponible, tomber le masque – conduisent à ce même constat : il faut avoir confiance en l'incertain.

Sortir de chez soi sans être sûr du résultat, c'est avoir confiance en l'action, en son pouvoir de reconfigurer le réel.

Se rendre disponible à l'imprévu n'est rien d'autre qu'une définition de la confiance : être prêt à aller vers ce que nous ne pouvons pas anticiper. Si nous n'avions confiance qu'en terrain connu, lorsque les choses se déroulent comme prévu, il ne s'agirait pas de confiance mais de compétence.

Enfin, se montrer vulnérable, se mettre « à nu », ne plus avancer masqué, requiert confiance en nous-mêmes et en autrui pour oser dévoiler son intimité à l'inconnu.

Au terme de ce chemin sur les conditions de la rencontre, nous sentons bien que la meilleure façon de rencontrer les autres est de leur faire confiance.

TROISIÈME PARTIE

La vraie vie est rencontre

Nous sommes de bien étranges animaux : nous avons besoin de rencontrer d'autres membres de notre espèce pour devenir nous-mêmes. Nous ne nous suffisons pas ; nous aspirons *par nature* à la rencontre de l'autre, non comme un simple ajout, un « supplément » qui se joindrait à notre être premier, mais comme un élément essentiel, consubstantiel à notre vie même, nécessaire à notre réalisation.

Sans rencontrer les autres, impossible de savoir ce qui nous anime vraiment, de quoi nous sommes capables, impossible de sortir de nos prisons identitaires, de nos carcans sociaux ou mentaux, impossible également de découvrir notre fibre morale, cette disposition à faire parfois passer l'autre avant nous-mêmes.

Je t'ai rencontré, ta lumineuse singularité m'a ébloui, nous sommes devenus amis, ou peut-être amants, amoureux, en tout cas tu m'as surpris, bouleversé, tu as changé ma vision du monde, peut-être est-ce toi qui m'as souri quand la vie ne me souriait plus, ou est-ce moi qui t'ai apporté mon soutien et me suis épanoui dans ma responsabilité nouvelle, quoi qu'il en soit j'ai, grâce à toi, à travers toi, découvert une part de moi qui m'était inconnue. Je sais aujourd'hui un peu mieux qui je suis. Et ce n'est pas toi qui me l'as appris, mais par toi que je l'ai découvert ; la clé a été notre rencontre.

Certaines rencontres peuvent être dévastatrices, en un sens négatif ou positif. En balayant tout sur leur passage, ces rencontres exceptionnelles nous arrachent à une version de nous qui ne nous épanouit pas, à une vie de souffrance ou d'ennui, une existence en deçà de ce à quoi nous aspirons, dont nous possédons le potentiel inexploité. Les manquer revient à laisser s'échapper un événement fondateur de notre vie. C'est peut-être passer à côté de la personne qui aurait pu nous aimer comme jamais auparavant nous ne l'avons été, nous amener à goûter enfin la douceur de vivre, qui nous aurait ouvert les yeux, donné le goût de l'étonnement, réveillé nos qualités endormies. Rater ces rendez-vous, c'est finalement se manquer soi-même, passer à côté de sa vérité, de son désir, de son bonheur. Notre « destin » est-il à ce point enfant du hasard ? Pourquoi ce besoin de rencontrer ce qui n'est pas soi pour devenir soi ? Il y a là plus qu'une question : une énigme.

Une énigme qui mérite enquête, et un éclairage par de multiples prismes : anthropologique, existentialiste, religieux, psychanalytique et dialectique. Et pour chacun, il nous faut convoquer le témoignage afférent. Parmi ces auteurs édifiants, certains sont athées comme

Alain, d'autres croyants à l'image de Martin Buber. Nous allons rencontrer un psychanalyste, avec Freud, et un adversaire de cette discipline, en Sartre. La philosophie occidentale sera représentée par Hegel, et son contradicteur sera François Jullien. Tous cependant peuvent s'accorder sur l'affirmation de Martin Buber : « La vraie vie est rencontre. »

1

La rencontre comme propre de l'homme ?
Une lecture anthropologique

Les animaux aussi font des rencontres : rencontre fatale avec un prédateur, rencontre amoureuse chez ces oies ou ces perruches, appelées « inséparables », qui vivent en couple et dépérissent après la mort de leur « conjoint », rencontre d'un « camarade » chez ces ânes qui ne supportent pas la solitude et élisent un autre âne, un cheval, un mouton ou une chèvre, qui leur tiendra compagnie le plus clair de leur temps. Nous pourrions multiplier les exemples qui fleurissent sur les réseaux sociaux d'animaux présentant une complicité et un lien intime qui nous semblent presque humains

Mais la rencontre, si essentielle puisse-t-elle être, a moins d'impact sur eux. Si un animal peut retrouver le bonheur et l'envie de vivre au contact d'un autre, retrouver confiance et sérénité, la rencontre ne le changera pas profondément comme elle peut le faire de nous. Quant à son influence sur l'évolution de l'espèce, nous constatons bien qu'elle est moindre. Un être humain peut voir sa vie bouleversée par la rencontre d'un professeur, sa conception du monde chamboulée par une rencontre amoureuse, preuve qu'il reste une pâte malléable, modelable, à laquelle autrui peut insuffler une forme nouvelle. Les animaux, eux, semblent faits d'un tout autre bois. Leur instinct est plus sûr que le nôtre, leurs sens souvent plus développés. À quoi bon se tourner vers les autres quand on peut se guider soi-même avec force et clarté ?

D'après Rousseau, cet instinct rend les animaux beaucoup moins perfectibles que nous, et donc beaucoup moins sensibles aux effets de la rencontre : « Quand les difficultés qui environnent toutes ces questions laisseraient quelque lieu de disputer sur cette différence entre l'homme et l'animal, il y a une autre qualité très spécifique qui les distingue, et sur laquelle il ne peut y avoir de contestation, c'est la faculté de se perfectionner ; faculté qui, à l'aide des circonstances, développe successivement toutes les autres, et réside parmi nous tant dans l'espèce que dans l'individu, au lieu qu'un animal est, au bout de quelques mois, ce qu'il sera toute sa vie, et son espèce, au bout de mille ans, ce qu'elle était la première année de ces mille ans », écrit-il dans la première partie de son fameux *Discours sur l'origine et les fondements de l'inégalité parmi les hommes*. Près d'un siècle plus tard, Darwin montrera que chaque espèce animale évolue, qu'elle n'est donc pas « au bout de mille ans ce qu'elle était la première année de ces mille ans », et les éthologues souligneront que les animaux sont également capables de « perfectionnement », mais dans une proportion incomparable à la nôtre, à un rythme tellement moins soutenu, que le propos de Rousseau demeure pertinent. Même s'il doit être nuancé à la lumière des découvertes scientifiques qui ont suivi, il repose sur un constat indiscutable : nous changeons beaucoup plus au contact des autres humains que les animaux au contact de leurs congénères, et nous évoluons beaucoup plus vite qu'eux, en bien comme en mal. Ainsi, Rousseau questionne : « Pourquoi l'homme seul est-il sujet à devenir imbécile ? N'est-ce point qu'il retourne ainsi dans son état primitif, et que, tandis que la bête, qui n'a rien acquis et qui n'a rien non plus à perdre, reste toujours avec son instinct, l'homme, reperdant par la vieillesse ou d'autres accidents tout ce que sa perfectibilité lui avait fait acquérir, retombe ainsi plus bas que la bête même ? » La capacité de l'homme à « retourner à son état primitif » est, d'après Rousseau, le pendant de sa capacité à se perfectionner, et toutes deux dessinent le portrait de l'animal humain en homme libre. Parce que nous sommes moins soumis à notre instinct que les autres animaux, nous avons la liberté de devenir autre chose, de nous améliorer comme de régresser. Et ce devenir dépend en partie des rencontres que nous allons faire. Notre seul « destin » est celui que les rencontres nous offrent.

Il n'y a entre l'humain et les animaux qu'une différence de degrés et non de nature ; nous ne sommes pas radicalement dissemblables, notre essence n'est pas absolument autre. Le hiatus est cependant si grand qu'il nous semble indiquer une opposition de nature. D'où la tentation de voir dans la rencontre le propre de l'homme.

Tout au long du XXe siècle, les découvertes des éthologues ont fait évoluer notre regard sur les animaux : certains mammifères supérieurs se sont révélés capables de faire l'apprentissage du langage, ont fait preuve de comportements altruistes, d'humour, ont exprimé leur conscience et leur peur de la mort, certains même offrant une sépulture à leurs proches… si bien qu'il devient risqué d'oser définir l'homme comme un être à part. Comme l'a montré Élisabeth de Fontenay dans son magnifique livre *Le Silence des bêtes*, présupposer un propre de l'homme de manière tranchée comporte un double risque : ignorer notre étonnante proximité avec les bêtes et exclure de l'humanité celles et ceux qui ne correspondent pas à une certaine définition de l'humain – les handicapés mentaux si l'on élit l'intelligence, les muets si l'on fait de la parole le propre de l'homme… Ainsi, dire que la rencontre serait une spécificité humaine, comme on le disait jadis de la conscience, du langage ou du rire, reviendrait à répéter la même erreur et à refuser le statut d'humains à celles et à ceux qui s'isolent.

Mais comme le montre également Élisabeth de Fontenay, ce refus d'identifier catégoriquement un propre de l'homme – au sens d'une stricte différence de nature entre les animaux et nous – ne doit pas nous conduire à nier que nous ne sommes pas des bêtes. L'animal, écrit-elle, se tient « si loin, si proche » de nous. Nous le sentons lorsque nous sommes en présence d'un éléphant, d'un chien ou même d'un gorille : malgré tout, nous ne sommes pas comme eux. Nous ne savons pas dire pourquoi, mais nous le savons. Et cette différence reste une énigme. Les bêtes ont une conscience, mais notre degré de conscience est beaucoup plus élevé. Elles font parfois preuve d'empathie, mais pas autant que nous. Elles sont capables de jouer, de rire, mais pas de produire de grands spectacles comiques. Que cette différence entre nous ne soit pas de nature mais simplement de degrés la rend encore plus fascinante. D'où vient-elle ? Puisque nous appartenons au même règne du vivant et possédons des ancêtres communs avec les grands singes, pourquoi l'*Homo sapiens* a-t-il évolué plus vite ?

L'homme, cet animal inachevé

Une des réponses les plus fréquentes, avancée dès l'Antiquité, tient en l'idée que nous serions de grands prématurés : nous naissons trop tôt, inachevés, et il y a donc urgence à nous intégrer au groupe social, à l'aide et au support qu'il apporte et, ainsi, nous faire progresser plus efficacement. Parce que nous naissons prématurément, nos instincts sont défaillants et nous devons tout apprendre, mais ainsi nous progressons finalement plus vite que les autres animaux soumis à leurs instincts. Sans les autres, impossible de survivre. À peine le nouveau-né est-il sorti du ventre de sa mère qu'il crie son besoin de soutien, sa soif de liens, cette dépendance aussi belle que cruelle. Belle parce qu'elle fait de nous ces êtres de relations et d'émotions. Cruelle parce qu'elle crée un manque qui laisse parfois des traces indélébiles. Cette thèse offre un éclairage lumineux sur la force des rencontres et permet de mieux comprendre pourquoi elles nous changent plus que les animaux, ces vivants nés à terme. Si mon instinct me fait défaut, je dois tout apprendre des autres ou de mon expérience : la rencontre des autres, du réel, devient décisive.

D'après Aristote, l'homme est un animal inachevé, un être riche de potentialités mais qui reste à accomplir, ses nombreuses dispositions nécessitant une « actualisation ». Aristote définit par ailleurs l'homme comme un « animal politique ». Mais, à la naissance, l'homme ne possède cette dimension politique qu'« en puissance », pas encore « en acte ». Il est potentiellement capable de devenir un être social et sociable, usant de sa raison et de son langage pour contribuer au bien commun, et éprouvant de la sympathie pour ses concitoyens. Ces dispositions vont s'actualiser à la condition de rencontrer autrui : l'agora, lieu pensé et créé pour l'échange civique, était d'ailleurs dédiée à cette activité, et il était du devoir du citoyen de s'y rendre régulièrement. Ainsi la pratique politique, la réflexion sur le vivre ensemble et la difficile question du bien commun, les échanges et les argumentations contribuent au développement de la raison et au perfectionnement du langage (« raison » et « langage » que le grec ancien exprime par le même terme de *logos*). Et certains de nos affects, telle la solidarité – la forme sociale de cette amitié que les Grecs appelaient *philia* –, se développent aussi par cette pratique. Bref, dans l'agora, le citoyen devient un humain accompli, un véritable *animal politique*. Nous pourrions presque croire que la nature a laissé son œuvre inachevée et confié à nos interactions le soin de la parachever.

Pour Aristote, la rencontre est donc bien plus qu'un complément : elle est la condition même de notre accomplissement en tant qu'hommes, de l'actualisation des potentialités de notre nature.

Aller à la rencontre de l'autre n'en est pas pour autant plus aisé : là encore, il faut sortir de chez soi pour se rendre sur l'agora, accepter le débat public, les contre-argumentaires, et les possibles provocations et conflits. Mais la récompense est grande : en développant notre raison, notre langage, notre empathie, c'est la meilleure part de nous-mêmes qui grandit dans la sphère sociale.

En 1796, Fichte, philosophe allemand, résume ainsi cette théorie : « En un mot, tous les animaux sont achevés et parfaits, l'homme est seulement indiqué, esquissé […]. La nature a achevé toutes ses œuvres, mais elle a abandonné l'homme et l'a remis à lui-même. » « À lui-même »… et aux autres : grâce à la rencontre d'autrui, l'être « esquissé » par la nature peut se modeler et prendre sa forme définitive.

Il faudra attendre le XXe siècle pour que cette hypothèse d'une prématuration de la naissance humaine soit confirmée par la science. En 1926, le biologiste néerlandais Louis Bolk caractérisera l'espèce humaine par cette prématuration qu'il appellera « néoténie ». Des anthropologues comme Stephen Jay Gould confirmeront ses travaux, et des embryologistes comme Gavin Rylands de Beer démontreront que les cellules du fœtus humain ont besoin d'au moins dix-huit mois pour parvenir au terme de leur développement. Suite à la gestation et à la naissance, il nous manque donc encore au bas mot neuf mois pour atteindre une première forme achevée. Nous sommes une espèce de grands prématurés. La cause en est sans doute la bipédie : en nous redressant, nous avons libéré notre cerveau, notre larynx et notre vue, ce sens se développant alors au détriment de notre odorat ; mais nous avons également précipité la naissance, le fœtus pesant davantage sur l'utérus depuis que nous nous tenons debout. Les conséquences d'une telle prématuration sont immenses. Naître si fragiles et démunis nous jette dans les bras des autres. Nous avons besoin d'être protégés, enveloppés, sécurisés. Notre instinct défaillant nous condamne à l'échec et à tirer les enseignements de nos manquements, à procéder par essais et rectifications beaucoup plus que les autres mammifères, à apprendre des autres, de nos parents et grands-parents, de nos professeurs et des leçons de l'histoire, à imaginer également. Cette néoténie nous jette dans l'aventure de la rencontre d'une manière particulière, dans l'urgence et le besoin, l'attente fébrile et la nécessité d'aller vers l'autre, parce qu'il en va de notre salut ; nous avons tant à inventer pour compenser les défaillances de l'instinct. Faire de bonnes rencontres n'est pas un divertissement, mais une question de survie et la condition de notre développement.

Si nous n'étions pas des animaux prématurés, ratés – et donc des humains réussis –, si notre instinct nous guidait aussi sûrement qu'un destin, nos rencontres n'auraient pas le même poids. Nous serions comme tous les autres animaux sociaux – loups, oiseaux migrateurs, abeilles, fourmis… – qui se rencontrent dans leurs meutes, nuées, ruches ou fourmilières, vivent et s'organisent ensemble, mais dans une telle obéissance à leur instinct que ces rencontres affectent peu leurs natures individuelles et le déterminisme de leur rôle au sein du groupe. Les cigognes et les grues partent en groupe vers le sud, mais la puissance de l'instinct qui leur ordonne ce départ et les guide jusqu'à l'autre bout du monde fait que leur aventure est déjà là, prépondérante, avant même la rencontre de leurs congénères de vol. Si la rencontre a bien lieu et que des relations entre membres du groupe se tissent, celles-ci restent essentiellement déterminées par le voyage et ses nécessités, ainsi que par une hiérarchie de groupe. Il en est de même pour les manchots empereurs qui marchent des dizaines de kilomètres sur la banquise pour atteindre leur lieu de reproduction ; si l'on découvre avec surprise qu'ils peuvent se « mettre en couple », ils n'en restent pas moins identiques à eux-mêmes, il n'y a pas, pour eux, en tant qu'individu, un avant et un après la rencontre. C'est là la différence avec ces animaux inachevés et imparfaits que nous sommes, tels que définis par Aristote, capables par la grâce de discussions sur l'agora de nous accomplir comme « animaux politiques ».

Nous sommes de grands prématurés, jetés trop tôt dans l'existence, et ainsi ces autres vers lesquels nous nous tournons pleins d'attentes et de désirs nous apparaissent tels des demi-dieux. Dans chacune de nos rencontres clés, nous rejouons la vérité de notre condition. Chacune d'elles porte le sceau de notre naissance. C'est pourquoi chaque rencontre est comme une renaissance.

2

Je te rencontre, donc j'existe
Une lecture existentialiste

Nous sommes « jetés » dans l'existence, affirme Sartre dans *L'existentialisme est un humanisme*, non pas « trop tôt » comme l'expliquent les théoriciens de la néoténie, mais sans « essence », sans définition ni vérité *a priori*. À la fois totalement indéterminés et absolument libres. Cette philosophie existentialiste prolonge la perspective anthropologique.

En affirmant que « l'existence précède l'essence », Sartre signifie que nous commençons par exister avant tout, par advenir sans avoir été pensés ni voulus par un Dieu. Toutefois, si « l'existence précède l'essence », c'est bien qu'il y a une essence qui tiendra en la somme de nos choix et de nos actes au moment de notre mort, de la « néantisation de nos possibles ». « Un homme n'est que la somme de ses actes », écrit Sartre. Puisque Dieu n'existe pas, puisque aucun Être supérieur ne peut nous dicter ce que nous sommes et la signification de notre être, ne reste que l'effet de nos actions sur le monde, sur nous-mêmes et les autres. Nous ne vivons pas sous l'œil de Dieu, mais sous le regard de tous : c'est à travers les autres, au cœur de nos relations, de ce que Sartre nomme l'*intersubjectivité*, que nous allons devenir nous-mêmes.

Nous avons parfois le sentiment, à l'adolescence notamment, lorsque nous débordons de vie et d'aspirations diverses, d'un quotidien sans relief, en deçà de nos attentes, d'une succession de jours monotones. Mais voilà que surgit l'amitié ou l'amour et cette impression d'ennui se dissipe aussitôt. La vie devient d'un coup excitante, palpitante. Nous sortons de nous-mêmes, nous existons enfin intensément. Sartre définit l'existence humaine comme « projet », au sens étymologique du latin *pro* qui signifie « devant, en avant » et *jăcĭō,* « jeter, lancer ». L'existence, c'est être sans cesse jeté « devant » soi, hors de soi.

Et la rencontre est cet événement qui, par excellence, me *jette devant moi*, m'invite à sortir de moi pour m'engager dans l'avenir, dans le monde – pour devenir et non simplement être. Rencontrer quelqu'un nous donne cette impression d'exister plus intensément parce que nous y retrouvons ce qui est le mouvement même d'une existence humaine, ce qui la distingue, d'après Sartre, d'une vie animale. Nous ne « sommes » pas comme l'animal « est ». C'est même le sens du titre d'un ouvrage majeur de Sartre : *L'Être et le Néant*. Les animaux, comme les choses, relèvent selon lui de l'« Être ». Ils *sont* : ils sont ce qu'ils sont. L'homme, lui, appartient à ce qu'il appelle le « Néant ». Le Néant n'est pas rien ; bien au contraire, il peut tout devenir. Ainsi Sartre écrit : « L'homme est cet être qui n'est pas ce qu'il est et qui est ce qu'il n'est pas. » « Il n'est pas ce qu'il est » : il ne peut être réduit à une quelconque essence. « Il est ce qu'il n'est pas » : il peut devenir tout ce qu'il n'est pas encore. Appartenir au « Néant » et non pas à l'« Être » n'a donc rien de négatif ; cela signifie être libre. Mais pour expérimenter le vertige de cette liberté, il faut sortir de soi, agir, s'inventer, se réinventer, ne jamais se laisser définir par une conception factice de notre être ou une « essence » supposée, qu'elle soit génétique, sociale, sexuelle… C'est à cela que nous invitent les rencontres : en nous étonnant sur nous-mêmes, en nous poussant à aller au-delà de nous-mêmes, elles nous permettent de mesurer que nous ne sommes pas ce que nous croyions être ; nous sommes bien plus libres que nous le pensions. Chaque rencontre nous rappelle que nous ne *sommes* pas, mais *devenons* sans cesse.

Lorsque le monde de l'autre nous fascine, que soudain le trouble nous prend au cœur même de notre identité, ou que l'évidence du projet commun emporte notre enthousiasme, que nous nous sentons pousser des ailes, pris par le désir d'agir, nous existons, au sens existentialiste du terme. Exister vient du latin *existĕre*, constitué du préfixe *ex-*, « hors de, sortir de », et de *sistĕre*, « se tenir, faire tenir, placer ». *Existĕre* signifie donc « sortir de, s'élever, naître de ». Exister, c'est sortir de là où l'on se trouvait, être hors de soi, projeté en avant, vers l'autre.

On comprend mieux le trouble de Silvia dans *Le Jeu de l'amour et du hasard* lorsqu'elle tombe amoureuse de celui qu'elle croit être un valet : ses sentiments ne s'embarrassent pas de son statut, elle se voit arrachée à son être social, elle en sort, elle se sent *ex-sister*.

On comprend mieux également le vertige qui saisit Adèle dans cette scène du film de Kechiche, quand elle croise Emma en pleine rue. Elle existe pleinement ; elle est happée *hors de* son être, de son identité sexuelle.

Silvia et Adèle existent enfin : elles sortent d'elles-mêmes, et dans ce mouvement qui les porte au-delà d'elles-mêmes, au cœur de ce trouble, elles atteignent cette intensité qui est le signe de la vie pleinement vécue.

Si les rencontres nous permettent de nous réinventer complètement, de nous emparer de notre liberté pour devenir autres, c'est parce que nous n'avons pas d'essence : nous ne sommes pas l'incarnation d'une vérité immuable qui nous déterminerait, aucun plan ne préside à notre réalisation, aucun moule à notre forme. Parce que notre existence, en effet, précède notre essence.

Voici, avec Sartre, une lecture existentialiste de la rencontre qui nous invite à nous libérer de toutes les prisons identitaires, même dorées. Il y a un certain confort à se contenter d'être soi. La liberté exige de nous le renoncement à ce confort. C'est peut-être ce que voulait dire René Char par ces mots si poétiques : « Il faut s'établir à l'extérieur de soi, au bord des larmes et dans l'orbite des famines, si nous voulons que quelque chose hors du commun se produise, qui n'était que pour nous. » « S'établir à l'extérieur de soi »… ? Cela paraît contradictoire, impossible. Sauf dans une perspective sartrienne. Il s'agit bien, en sortant de soi, de « s'établir » dans sa liberté, dans sa vérité proprement humaine, dans un mouvement de constante création de soi. Il s'agit bien de se trouver par l'autre, grâce à la rencontre avec lui.

« Être, c'est dépendre », complète Alain, pour dénoncer la philosophie individualiste. Nous dépendons des autres parce que nous sommes de grands prématurés, nous dépendons des autres parce que nous n'avons pas d'essence en Dieu et sommes obligés de nous inventer dans l'intersubjectivité, au cœur de nos rencontres, de nos relations.

Il serait donc plus juste de dire : *exister*, c'est dépendre. Et même « aimer dépendre » ; embrasser sans réserve une vie « hors de soi ». Belle leçon de la rencontre, qui est aussi celle de l'amour : notre vérité n'est pas en nous, mais entre nous.

3

Rencontrer le mystère
Une lecture religieuse

Exister, pour Kierkegaard, c'est également sortir de soi, non pour conquérir sa liberté, mais pour aller vers Dieu.

Deux visions de l'existentialisme s'opposent ici : l'une athée, avec Sartre, l'autre chrétienne, avec Kierkegaard, souvent présenté comme le « père de l'existentialisme ». Cette approche religieuse éclaire une dimension essentielle de toute véritable rencontre, dont les approches anthropologiques ou existentialistes ne rendaient pas vraiment compte : la rencontre de l'autre est d'abord celle de son mystère.

Pour le croyant, Dieu n'est pas un Être qui se rencontre de la même façon que les autres, il exige un acte de foi ; la rencontre de Dieu est bien celle de son mystère. L'expérience directe de Dieu est impossible. Avoir la foi, c'est donc ressentir une présence qui est en même temps absence ; avoir le sentiment indéfectible de Sa présence sans jamais Le voir ou Le toucher. Le croyant perçoit les autres et le monde d'une manière particulière, comme traversés, transfigurés, par la présence de leur créateur. Il s'agit à n'en pas douter d'un bon point de départ pour rencontrer l'autre sans a priori ni préjugé, mais en acceptant sa part de mystère.

Le croyant retrouve dans chaque rencontre son amour de Dieu, chacune d'elles lui parle de Lui. Elle exprime une part du miracle de cet Être sans qui rien ne serait et qui, par sa création et son amour, a rendu la rencontre possible. En l'autre, le croyant reconnaît une créature divine et l'amour qu'il lui porte ou reçoit d'elle, la qualité du lien d'amitié ou de confiance qu'ils tissent deviennent autant de signes d'un amour supérieur.

L'existence la plus intense s'atteint, d'après Kierkegaard, dans cette décision libre qu'est la foi, ce « saut méta-rationnel » par lequel le croyant, lui aussi, « s'établit à l'extérieur de soi », en l'occurrence en Dieu, en son royaume. Cela relève d'une décision irrationnelle, bien éloignée d'un choix raisonnable. En faisant le pari de la foi, explique le philosophe danois, je me jette en Dieu ; je saute dans l'inconnu. Et par ce mouvement sans réserve, sans filet, j'existe pleinement, je deviens moi-même. On comprend tout ce que Sartre doit à Kierkegaard, même s'il donne de cette philosophie une version athée, remplaçant Dieu par les autres.

Exister vraiment, pour les existentialistes athées comme chrétiens, exige ce saut dans l'inconnu, cette ouverture radicale à l'autre – qu'il soit homme ou Dieu.

« C'est parce qu'il y a un Tu que le Je trouve son sens, et vit sa véritable vie », écrit Martin Buber dans *Je et Tu*. Ce philosophe israélien, né en Autriche en 1878, reste assez méconnu malgré l'influence considérable qu'il eut sur la philosophie du XXe siècle, et notamment sur toute la pensée de l'altérité, développée par Husserl, Levinas, Sartre ou Lacan.

Pour Martin Buber, c'est parce qu'il y a ce grand Autre, Dieu, que le rapport à l'autre humain est à ce point constitutif de notre humanité, de notre vérité d'homme. J'existe pleinement dans la formulation de ce « tu », qu'il soit adressé à Dieu ou à un individu. Je me perçois comme sujet à partir du moment où je m'adresse à l'autre. Le « je pense, donc je suis » de Descartes est remplacé par : je me tourne vers toi, donc j'existe. Tu m'interpelles, tu m'intéresses, tu me touches, donc j'existe. J'ai besoin de cette relation à toi pour pleinement réaliser que je suis, ce que je vis. Lorsque je m'ouvre ainsi à toi, à ce dialogue avec toi, cet acte te fait surgir dans toute ta présence et me donne d'un même mouvement conscience d'être un sujet.

On ne peut comprendre cette thèse de Martin Buber sans définir un concept qui est au cœur de sa pensée : celui de « substance spirituelle ». Le terme de « substance » ne renvoie pas chez lui à une essence qui serait au cœur de notre être. Cette « substance spirituelle » est certes en nous, mais elle est en même temps hors de nous ; elle est « ce mouvement même qui nous porte hors de nous-mêmes », comme une force, une impulsion qui nous pousse vers les autres. Elle ressemble donc beaucoup moins à une essence qu'à ce que Sartre appellera… l'existence.

Nous exprimons cette « substance spirituelle », écrit l'auteur de *Je et Tu*, lorsque nous nous « tournons vers » les autres. Mais il faut pour le comprendre réentendre le sens premier de l'expression : me tourner vers toi est une démarche active qui nous arrache en même temps, toi et moi, à l'indifférence et à l'indétermination. Me tourner vers toi est une manière d'exister et de te faire exister. Nos rencontres nous permettent, en nous tournant vers les autres, d'exister au plus haut point possible par la conscience commune que nous avons l'un de l'autre.

On voit ici ce que la philosophie morale de Levinas doit à Martin Buber : me sentir responsable de l'autre, de cet autre que je ne connais pas, qui n'appartient pas à ma famille, c'est me tourner, en pleine humanité, vers son visage, de tout mon cœur, toute mon âme. Les animaux ne connaissent pas cela, pas à ce point en tout cas. Je peux me tourner vers toi en toute liberté, avec simplicité et un amour profond, parce qu'un jour Dieu est sorti de lui-même pour nous faire exister, il s'est tourné vers nous. Cette définition de la « substance spirituelle » est valable pour Dieu aussi, il l'a exprimé en nous créant.

« Au commencement est la relation », affirme Buber. Une manière de nous faire entendre autrement la formule biblique « Au commencement était le Verbe ». Puisque le verbe est toujours adressé, puisqu'on parle toujours à quelqu'un, ce verset de l'Évangile selon saint Jean poserait ainsi la première de toutes les relations. Ce n'est que dans la relation, rendue possible par la rencontre, qu'apparaît cette « vraie vie » invoquée si souvent par le philosophe israélien : je la sens battre en moi quand je me tourne vers ce qui n'est pas moi – Dieu, mais aussi la nature ou les autres hommes.

Pour Buber, nous pouvons éprouver aussi au cœur d'une rencontre avec un homme ou une femme le désir de trouver Dieu, le « Toi éternel ». Au contact intime de l'autre, nous nous découvrons liés et capables d'amour, de curiosité, d'intérêt, de responsabilité – autant de mouvements d'ouverture –, nous exprimons alors notre « substance spirituelle ». C'est là le chemin idéal pour rencontrer Dieu.

Dans sa préface à *Je et Tu*, Gaston Bachelard résume ainsi cette thèse : « Notre substance spirituelle n'est en nous que si elle peut aller hors de nous. Elle ne peut aller hors de nous, vaguement, comme une odeur ou un rayonnement. Il faut qu'elle s'offre à quelqu'un, qu'elle parle à un tu. » Même non-croyants, nous pouvons sentir vibrer en nous cette « substance spirituelle ».

Nous entendons désormais la double acception du mot « sens » dans l'affirmation de Martin Buber : « C'est parce qu'il y a un Tu que le Je trouve son sens et vit sa véritable vie. » Sens comme *signification*, mais aussi comme *direction*. En te disant « tu », en m'adressant à toi, j'existe en me projetant *dans ta direction*, toi homme ou toi Dieu.

Croire en un Dieu créateur offre un cadre idéal pour penser la force de la rencontre : impossible, si nous devons notre existence à un Autre, de continuer à nous définir par notre ego, notre indépendance. Cette invitation à l'humilité est aussi une invitation à la rencontre : depuis le premier instant, l'autre est la condition de mon être. Nos rencontres nous surprennent souvent par leur impact sur nos vies… Mais ce mystère du bouleversement que l'autre produit en moi devient une évidence lorsque nous croyons intimement que nous ne sommes vivants que par la volonté d'un Autre.

« La vraie vie est rencontre. » Nous saisissons mieux la portée de l'affirmation de Martin Buber. Si notre nature la plus profonde, la plus spirituelle s'exprime lorsque nous nous *tournons* vers ce qui n'est pas nous, alors la rencontre est bien la condition de notre véritable existence. Elle est le signe que nous avons existé au sens le plus fort, que nous avons éveillé ou réveillé notre « substance spirituelle ». Et cela est vrai que nous soyons croyants, agnostiques ou athées.

4

Rencontrer son désir
Une lecture psychanalytique

Une question se pose encore : qu'est-ce qui nous fait changer à ce point lors d'une véritable rencontre ? En mettant en évidence la présence de cette énergie vitale qu'est la libido, toujours prête à se fixer sur des objets nouveaux, Freud donne une interprétation originale de cette force de transformation proprement humaine.

Dans *Le Banquet*, Platon évoquait déjà un objet non conscient de notre désir (l'éternité). Dans les *Nouveaux Essais sur l'entendement humain*, Leibniz mentionnait des « petites perceptions inconscientes ». Quant à Nietzsche, il fera dire à Zarathoustra, quelques années avant les premiers écrits de Freud, que l'essentiel de l'activité psychique est non consciente. La véritable découverte de Freud n'est donc pas l'inconscient, mais l'inconscient *actif* – dont Nietzsche avait d'ailleurs aussi eu l'intuition. Freud donne à cette énergie psychique inconsciente le nom de *libido*. D'après son hypothèse, elle est produite par le refoulement de nos pulsions asociales, sexuelles ou agressives.

Ce refoulement a lieu essentiellement au cours des premières années de notre enfance mais se poursuit toute notre vie durant, tandis que nous intériorisons les interdits de notre civilisation. Que ces pulsions soient refoulées – censurées, écrit aussi Freud – ne signifie pas qu'elles disparaissent, mais que nous ne nous autorisons plus à en avoir conscience. Elles sont toujours présentes, sous la forme d'une énergie cherchant à s'exprimer mais contenue, comme emprisonnée dans une Cocotte-Minute : elles ne cessent de réclamer leur dû. La libido agit en nous et nous travaille depuis que nous sommes devenus des sujets civilisés et avons renoncé à une bonne part de notre agressivité naturelle.

Quand nous rencontrons quelqu'un, notre libido peut s'exprimer de différentes manières, directement, sous la forme du désir sexuel ou même d'une certaine agressivité, ou indirectement, sous la forme de notre intérêt, de notre curiosité, de nos élans d'amour idéalisés. Dans ce second cas, Freud parle de *sublimation.*

Sublimer sa libido revient à donner une satisfaction non sexuelle à des pulsions sexuelles refoulées, une satisfaction non agressive à des pulsions agressives refoulées. De même que nous pouvons sublimer notre énergie libidinale dans la création artistique ou l'émotion esthétique, comme d'ailleurs dans l'investigation intellectuelle, nous pouvons la magnifier dans certains sentiments élevés envers quelqu'un : amour fou comme celui qui unit George Sand et Alfred de Musset, amitié « sublime » comme celle qui lie Picasso à Éluard, ou même dévouement pour l'autre, élan spirituel vers lui, curiosité passionnée pour son monde…

Une telle sublimation explique à la fois la fascination éprouvée pour l'autre – et les sentiments les plus élevés qui peuvent l'accompagner – et la transformation intérieure que nous expérimentons à son contact. La libido est une force de transformation. Produit du refoulement, de notre transformation en être civilisé, elle attend de trouver des objets sur lesquels se fixer, des objets à investir de son énergie. Et c'est alors qu'elle produit en nous ces changements.

L'hypothèse freudienne éclaire ce qui est à l'œuvre dans ces transformations produites par nos rencontres : lorsque nous développons des talents au contact des autres, nous ouvrons à de nouvelles visions du monde, devenons plus spirituels ou romantiques, plus présents ou engagés, c'est grâce à cette énergie sublimée de notre libido. Notre « vraie vie » d'animal civilisé se découvre ici : non dans nos pulsions, mais dans la manière dont nous les sublimons.

Si la force de la libido nous pousse vers les autres, au risque de les réduire parfois à de simples objets de satisfaction, la sublimation nous permet de nous réinventer à leur contact, d'écrire avec eux une histoire nouvelle, bref de les rencontrer véritablement.

« *Soyez vous-mêmes, les autres sont déjà pris* »

Par ailleurs, Freud a mis en lumière un autre phénomène décisif dans la relation à l'autre : l'identification. Pour devenir nous-mêmes, nous avons besoin de nous identifier à des figures d'altérité successives.

Le petit enfant, écrit Freud, « s'identifie » d'abord à sa mère : collé à elle, tout contre son sein, il se prend pour elle, se confond avec elle. L'identification est plus qu'une imitation : elle s'apparente à une fusion, mais provisoire. Viendra en effet le moment décisif où l'enfant se distinguera de sa mère, se « décollera » d'elle, et s'identifiera à une autre figure, son père par exemple. Au gré des rencontres, chaque nouvelle figure d'identification effacera la précédente. Ainsi pourront se succéder sa grande sœur, son meilleur ami, un professeur, le nouveau compagnon de sa mère… Avec chaque personne, le même schéma se reproduit, inconsciemment : l'enfant se prend pour la figure à laquelle il s'identifie, ne fait plus qu'un avec elle, avant de réaliser qu'il n'est pas cette personne. Chaque fois que se répète ce ratage, qu'il échoue à être un autre, il devient un peu plus lui-même. Le « je » se construit ainsi en tant que singularité unique dans le jeu de ces identifications et ruptures successives, et progressivement se saisit comme sujet. « L'identification est une forme très importante de la liaison à l'autre, vraisemblablement la plus originelle », conclut le penseur viennois dans les *Nouvelles conférences d'introduction à la psychanalyse*.

Sans rencontrer les autres, impossible de devenir soi : cette idée apparaît ici sous un jour nouveau. Pour devenir moi, il faut d'abord que je me prenne pour un autre, avant de comprendre que je ne suis pas lui. Je rencontre d'un même mouvement l'autre (auquel je m'identifie) et moi-même (lorsque je comprends que je ne suis pas lui). Lorsque Boris Cyrulnik s'est identifié à Émile, le compagnon de sa tante Dora, il s'est pris un temps pour Émile. Dans son inconscient, au cœur de cette identification, il est devenu Émile. Il a d'ailleurs adopté ses centres d'intérêt (la science, le rugby...), il s'est projeté en eux, ils sont devenus ses aspirations propres. Mais en grandissant, en suivant le processus d'identifications successives, à des camarades de classe notamment, il est devenu Boris. Il s'est mis au rugby, mais avec son talent propre, à un autre poste que celui qu'occupait Émile. Il est devenu scientifique lui aussi, mais dans une autre discipline, la psychiatrie. Il est devenu lui-même puisque être Émile était impossible.

« Soyez vous-mêmes, les autres sont déjà pris », on connaît le bon mot d'Oscar Wilde. Freud nous montre toutefois que, pour devenir soi-même, il n'est pas inutile de se prendre un temps pour un autre.

Dans *Je et Tu*, Martin Buber distingue l'« individu » de la « personne ». Il désigne par « individu » la part de nous qui est indépendante de nos relations aux autres (nous naissons « individus ») et par « personne » ce sujet qui se construit dans la relation aux autres, et exprime donc sa « substance spirituelle ». Les « individus » que nous sommes à la naissance ont donc besoin de se tourner vers les autres, de se lier à eux par leur curiosité, leur amour, pour devenir des « personnes ». Martin Buber publie *Je et Tu* en 1923. La même année, sort *Le Moi et le Ça* de Freud. Ils vivent alors tous les deux à Vienne et sont même voisins. Malgré la différence de point de vue qu'ils expriment dans leur correspondance – Buber est croyant quand Freud définit la religion comme une « névrose obsessionnelle universelle » –, les deux penseurs se retrouvent de manière troublante sur cette question du rapport à l'autre. Pour le mystique comme pour le psychanalyste, la rencontre des autres est au cœur de l'aventure humaine.

Grâce aux travaux de Freud, nous pouvons apporter un éclairage à cette étrange attirance que nous avons parfois pour certaines personnes, notamment par le rapport que nos rencontres entretiennent avec notre enfance, voire notre petite enfance.

« Lorsque j'étais enfant, j'aimais une fille de mon âge, qui était un peu louche ; au moyen de quoi, l'impression qui se faisait par la vue en mon cerveau, quand je regardais ses yeux égarés, se joignait tellement à celle qui s'y faisait aussi pour émouvoir en moi la passion de l'amour, que longtemps après, en voyant des personnes louches, je me sentais plus enclin à les aimer qu'à en aimer d'autres, pour cela seul qu'elles avaient ce défaut ; et je ne savais pas néanmoins que ce fût pour cela », écrit Descartes dans une lettre à Chanut du 6 juin 1647.

Nous sommes tous marqués par nos premières rencontres. Elles s'impriment en nous de manière durable et conditionnent nos rencontres ultérieures. Notre sensibilité a une histoire dans laquelle les commencements sont déterminants. Freud explique que nous rejouons dans notre vie d'adulte, mais en les déplaçant, des scénarios ou des émotions de notre enfance. Nous sommes attirés par ce qui ressemble à ce monde de nos premières années, bien connu et réconfortant, cette attirance étant inconsciente comme le remarquait Descartes, si moderne déjà : « et je ne savais pas néanmoins que ce fût pour cela ».

Lorsque nous sommes enfants, l'énergie de notre libido se fixe sur les formes de notre environnement : cela peut être le visage de cette jeune fille pour Descartes, les formes du mobile tournant au-dessus de notre berceau, le drapé d'un rideau dans notre chambre, le menton un peu carré de notre nounou, l'arrondi du sein de notre mère… Et cela expliquerait, devenus adultes, notre attirance pour certaines formes en particulier, certains types de beauté ou même certaines parties du corps devenues obsessions érotiques. Nous cherchons à renouer avec nos premiers émois, ces premiers objets sur lesquels notre libido s'est fixée.

La thèse du complexe d'Œdipe éclaire aussi cette forte empreinte de nos premières années. D'après Freud, nous sommes attirés sexuellement par notre parent de sexe opposé et en rivalité avec celui de même sexe, dont nous souhaitons symboliquement et inconsciemment la mort, pour pouvoir jouir de l'amour exclusif du premier. Ce complexe d'Œdipe se trouve résolu lorsque nous acceptons, inconsciemment toujours, de « partager » l'amour de notre parent de sexe opposé : il peut nous combler tout en aimant notre autre parent, différemment. Dans nos rencontres d'adulte, dans nos passions amoureuses, ou même amicales, nos crises de jalousie ou notre peur de l'abandon, nous nous retrouvons sans le savoir sur cette scène œdipienne et risquons d'être débordés par la violence de nos émotions. On a reproché à bon droit à Freud d'avoir voulu faire du complexe d'Œdipe la vérité universelle de la condition humaine, alors qu'il ne trouve aucune résonance réelle dans certaines cultures où la famille n'est pas structurée autour des figures du père et de la mère. Il reste toutefois un pionnier pour avoir théorisé ce que de nombreux écrivains ou penseurs, à l'image de Descartes, avaient constaté : nos rencontres portent l'empreinte de commencements dont nous ne possédons parfois même plus le souvenir conscient. D'où cette impression d'étrangeté, de retrouvailles énigmatiques avec quelque chose de connu, et parfois ce sentiment d'incompréhension qui l'accompagne.

Freud a eu également l'intuition, confirmée par les travaux ultérieurs de la psychanalyste britannique Melanie Klein ou de Jacques Lacan, de la violence infligée à l'enfant séparé de sa mère. La fin brutale de cette fusion inaugurale, correspondant d'après Jacques Lacan à l'entrée de l'enfant dans le langage, est vécue comme un arrachement. Elle crée un manque qui ne pourra jamais être comblé et initie une recherche constante d'un objet du désir qui pourrait le satisfaire. Jacques Lacan nomme « objet petit a » cet inaccessible objet fantasmé, destiné à emplir ce manque en nous qui est comme l'empreinte en creux laissée par la séparation. Par cette hypothèse, Lacan fait de nous des êtres de désir, tenus par un besoin d'amour impossible à satisfaire ; mais aussi des êtres curieux, créatifs, tournés vers les autres et vers le monde, vers toutes les rencontres qu'une vie peut offrir. Il nous arrivera parfois, en tombant amoureux par exemple, d'avoir l'impression de renouer avec cette fusion originelle ; nous ne pourrons pas nous empêcher d'y croire.

Pourtant, il nous faudra bien l'admettre, ce n'est pas ainsi qu'un adulte aime ni est aimé. Bien que nos rencontres soient marquées par cette quête de « l'objet petit a », le fait qu'il n'existe pas est une bonne nouvelle ; son absence rend notre vie passionnante, et notre soif de l'autre inextinguible.

L'hypothèse freudienne pourrait tenir dans cette formule : nous sommes les enfants de notre enfance et de celle de nos parents. Nous pouvons ainsi hériter de schémas venus de notre passé familial, qui se répètent parfois sur plusieurs générations. La façon dont nous allons vivre nos rencontres est fortement influencée par ce passé, de la rencontre de nos parents à notre naissance, désirée ou non, et même au-delà, par des événements vécus par nos grands-parents et qui constituent notre héritage intérieur, psychologique. Un homme peut, par exemple, ne pas comprendre pourquoi il trompe systématiquement les femmes qu'il aime, jusqu'à les perdre. Ce comportement « inné » provient peut-être du rapport aux femmes d'un grand-père qu'il a à peine connu… La signification et la portée de nos rencontres nous échappent souvent parce qu'elles relèvent d'un héritage inconscient. C'est aussi cela, une « vraie vie » d'animal humain : une vie individuelle mais prise dans une histoire familiale, dans une généalogie.

Lacan ira encore plus loin, jusqu'à faire de nos aspirations propres, notre véritable désir, « notre affaire » pour reprendre ses mots, l'héritage de notre passé, l'histoire de notre famille s'imposant à nous avec la force d'un destin. Mon désir profond – réussir professionnellement, être reconnu comme quelqu'un de bien, connaître un succès artistique… – dépendrait alors moins de mes rencontres et de ma volonté consciente que de tout ce qui s'est joué dans mon passé, dans ma petite enfance tout autant qu'avant ma naissance. Nous serions pris dans les rets d'un destin familial nous déterminant avec une force telle que même nos rencontres les plus exceptionnelles ne pourraient nous en faire dévier. Tout au plus ces rencontres nous offrent-elles l'opportunité de nous rapprocher de ce désir, de prêter l'oreille à un désir qui était déjà là, que le passé de notre famille nous a inscrit dans la chair – ou plutôt dans l'inconscient. Lors d'une histoire d'amour, la rencontre de la singularité de l'autre ne ferait alors pas le poids face à la répétition d'un schéma venu du passé, lourd de toute une histoire familiale. Si chacun héritait de son désir comme d'un destin, si chacun était à ce point mû par son inconscient, alors la rencontre serait en fait impossible.

Nous pouvons avancer qu'une telle lecture des travaux de Freud semble excessive : nous avons constaté que nos rencontres nous métamorphosent, qu'elles savent faire naître en nous de nouveaux désirs. Notre passé nous conditionne, mais il ne nous détermine pas. La connaissance de celui-ci et de l'histoire de notre famille, l'analyse de la manière dont ce supposé « destin » agit en nous, peut en réalité favoriser nos rencontres, nous permettre de les vivre d'une manière plus lucide et donc plus libre. Analyser et comprendre notre conditionnement est le premier pas vers la libération. Reprenons l'exemple de cet homme infidèle qui répète sans le savoir un schéma familial hérité de son grand-père. S'il découvre à l'occasion d'un travail analytique le processus de répétition inconscient dont il est victime, s'il entend à quel point il est travaillé par ce passé qui ressurgit dans ses pulsions propres et détermine ses symptômes, s'il parvient à dénouer les fils de son histoire, il pourra s'en délivrer, et changer. Il découvrira peut-être que son vrai désir est d'aimer dans la fidélité – ou au contraire dans le polyamour, ou dans l'union libre. Ses relations amoureuses gagneront en qualité et en sincérité, parce qu'il sera plus lucide sur ce qui le travaille.

La psychanalyse a pour vertu de nous rappeler que nous ne sommes pas seuls face à nos désirs. Entre mon désir et moi, se trouvent les autres : mes prédécesseurs dans la généalogie familiale et tous ceux auxquels je vais m'identifier. Mon désir repose d'abord sur le mimétisme. Je désire ce que les autres veulent, avant de me rendre compte que mon désir est en fait autre et de me rapprocher, peu à peu, de ce qui compte pour moi, de mes aspirations personnelles. La connaissance de soi permet de prendre conscience de ce qui se joue dans les rencontres et donc de les vivre pleinement, ouvertes sur l'avenir, libérées du passé. La psychanalyse est souvent critiquée pour sa focalisation excessive sur le passé. Nous devrions tourner la page et aller de l'avant, répètent à l'envi ses détracteurs. Mais comment s'orienter dans l'avenir si l'on ne sait pas d'où l'on vient ? Nos grandes rencontres nous convoquent doublement : elles nous emportent avec tout notre passé, le font remonter souvent inconsciemment, puis elles nous propulsent vers l'avenir. Elles nous offrent l'opportunité de mieux comprendre notre désir, sa nature toujours composite. Il est en partie le produit de notre passé, en partie l'œuvre de nos rencontres. Il est un héritage, mais également une fondation. Toute véritable rencontre est rencontre de son désir.

5

Rencontrer l'autre pour se rencontrer
Une lecture dialectique

La rencontre comme force de changement, une belle idée que nous avons défendue avec Aristote, Sartre, Buber et Freud. Il faut pourtant aussi la soumettre à la critique : si je vois en l'autre un moyen pour mon progrès personnel, ne suis-je pas en train de l'instrumentaliser au service de ma perfectibilité ? Ne suis-je pas en train de l'*assimiler*, de faire mon miel de notre relation, au lieu de le rencontrer dans sa différence irréductible, dans son altérité ? Bref, ne suis-je pas en train de rater notre rencontre ?

On trouve cette critique sous la plume de François Jullien dans *Pourquoi il ne faut plus dire « je t'aime »*. « Quand la rencontre commence à s'installer, cela devient une relation : l'Autre n'est plus autre ; il s'est laissé assimiler par moi, il entre dans ma perspective. La rencontre s'est enfouie – enfuie – sous la relation. Les bons romans ont su l'analyser : quand la rencontre s'installe en relation, l'altérité est perdue [...]. Et c'est pourquoi dans la rencontre, l'autre se maintient autre. Le propre de la rencontre, c'est qu'on y est débordé par l'Autre ; et c'est peut-être pourquoi la philosophie classique n'a pas pensé la rencontre : parce qu'elle a pensé l'autonomie du sujet – dont nous dépossède justement la rencontre. »

François Jullien distingue ainsi la rencontre (d'une altérité que je n'assimile pas) de la relation (intéressée, dans laquelle je me nourris de l'autre). Selon lui, la rencontre provoque un dessaisissement de son identité ; face au surgissement de la différence de l'autre, l'on n'est plus soi. Il ne s'agit donc pas tant d'« entrer en relation » que de se laisser déborder par la rencontre, subir le choc de la découverte d'une altérité si radicale qu'elle m'abasourdit. Ainsi s'éclaire le titre de son livre : *Pourquoi il ne faut plus dire « je t'aime »* : par le phénomène de la rencontre, le « je » n'est plus lui-même. Le bouleversement, l'éblouissement sont tels que mon identité est perdue ; « je » ne renvoie plus à une réalité connue.

C'est pourtant bien l'idée que ma relation à l'autre me nourrit, m'apporte une plus grande connaissance de moi-même, qui a conduit notre réflexion philosophique dans ce livre ; elle serait donc précisément ce que dénonce François Jullien. En écrivant que « l'Autre n'est plus autre », parce qu'il « s'est laissé assimiler par moi », il vise la philosophie occidentale classique en général et celle de Hegel en particulier. Dans la philosophie dialectique de Hegel, la différence de l'autre se trouve *in fine* intégrée dans le devenir du sujet : elle finit, en effet, par « entrer dans sa perspective » puisqu'il se construit à son contact.

Contre l'autre, tout contre

Lorsque nous avons fait du changement le signe le plus objectif de la rencontre, nous avons donc été hégéliens. Nous avons interprété les rencontres de Maria Casarès et d'Albert Camus ou d'Éluard et Picasso comme l'aurait fait le penseur de Iéna. Camus se transforme au contact de Maria : l'éblouissement face à son altérité n'est que la première étape de leur relation qui va le nourrir, le faire grandir. Picasso change au contact d'Éluard : s'il admire sa différence, il l'intègre ensuite, la fait sienne en s'engageant en tant qu'artiste et homme, en devenant une meilleure version de lui-même. Le fil conducteur de notre pensée est bien hégélien, c'est-à-dire dialectique : il faut rencontrer ce qui n'est pas soi pour devenir soi. L'auteur de *La Phénoménologie de l'esprit* emploie d'ailleurs l'expression de « retour à soi » : Dieu, après avoir fait l'expérience de l'altérité de la Nature, *revient à lui* avec une conscience accrue de sa vérité. Si la rencontre est première, marquée par ce mouvement *hors de soi*, même si je reste un temps fasciné par toi, vient le moment où je *reviens à moi*, où j'intègre cette rencontre dans mon histoire, où j'en fais quelque chose pour moi, en moi.

Cette conception de la rencontre est, d'après François Jullien, symptomatique d'une philosophie occidentale trop focalisée sur notre devenir de sujet, voulant sans cesse « dialectiser » la rencontre, l'instrumentaliser dans une relation. Nous les Occidentaux serions difficilement capables de maintenir l'autre dans toute son altérité, de lui octroyer sa véritable place.

La critique radicale de François Jullien a le mérite de mettre en lumière une limite de la pensée occidentale classique. La définition du sujet humain comme conscience autonome et maître d'elle-même n'est clairement pas une invitation à la rencontre de l'autre. Le fameux cogito cartésien, « je pense, donc je suis », laisse en effet, comme nous l'avons vu, peu de place à l'autre. On peut aussi prendre en exemple le cas de Socrate, le « père de la philosophie », tel que Platon le met en scène dans ses dialogues. Le philosophe ne semble alors pas vraiment rencontrer l'altérité de l'autre, mais simplement des arguments utiles à l'avancement de son propre raisonnement.

Difficile, en revanche, de faire ce procès à Hegel. L'expérience de l'altérité occupe une place centrale dans sa philosophie, et la différence de l'autre est loin de n'être chez lui qu'un élément à intégrer ou à assimiler. On retrouve chez Hegel l'idée d'un manque constitutif de notre humanité. Son objet n'est plus l'éternité comme chez Platon, ni l'amour comme chez Freud, mais l'altérité elle-même. Une des caractéristiques de l'humain est ce besoin irrépressible de rencontrer l'autre. Cette rencontre participe certes d'un processus de connaissance et de reconnaissance de soi, conduisant à un « retour à soi », mais François Jullien passe sous silence quelque chose d'essentiel : ce « retour à soi » ne peut avoir lieu si la rencontre de l'autre n'est pas d'abord un choc, un bouleversement, une véritable expérience de sa différence.

Il semble encore plus difficile de faire ce procès à tous les auteurs auxquels nous nous sommes référés

– Buber, Freud, Levinas, Sartre... –, qui ont en commun une forte influence de Hegel. Chacun avec sa sensibilité propre, ils nous invitent à méditer la place centrale de l'autre dans nos existences. Et ils pensent plutôt la fin du sujet autocentré et indépendant que son autonomie. Nous dépendons, pour Martin Buber, des autres pour pouvoir exprimer notre vérité spirituelle ; pour Levinas, de l'expérience de leur visage pour nous découvrir responsables ; pour Sartre, de leur regard pour inventer notre liberté... On retrouve chez eux une lecture dialectique qui est la marque de l'influence hégélienne : la nécessité d'en passer par l'autre pour se montrer à la hauteur de son humanité. Pour Buber, Freud, Levinas, Sartre, mais aussi Husserl, Merleau-Ponty, Derrida..., c'est au contact de l'autre, tout contre lui, que je peux espérer me découvrir. Bref, depuis Hegel, la philosophie occidentale n'est plus vraiment cette philosophie de l'autonomie du sujet que critique François Jullien. Il semble que ce soit la grande leçon du XXe siècle philosophique : le plus court chemin vers soi passe par les autres.

Lorsque Adèle rencontre Emma au début du film de Kechiche, elle est désemparée, dessaisie d'elle-même : elle vit une rencontre au sens proposé par François Jullien. Mais cet événement se transformera en une relation au sens hégélien, elle se nourrira de la différence d'Emma et, au cœur de l'expérience de l'altérité, deviendra elle-même. Cette relation ne remettra en rien en cause la rencontre initiale. Il en est d'ailleurs de même pour Emma, qui va elle aussi changer au contact d'Adèle. Intégrer la différence de l'autre, l'utiliser dans son histoire personnelle, ne revient pas à la nier, mais plutôt à l'honorer, à la reconnaître. « Quand la rencontre s'installe en relation, l'altérité est perdue », écrit François Jullien. Les belles histoires d'amour ou d'amitié nous montrent au contraire que cette altérité perdure, mais sous une forme impure, en étant intégrée à la vie du sujet.

Les termes employés par François Jullien pour qualifier la rencontre – être « débordé », « désemparé », « dessaisi » – disent bien le choc de la rencontre. Il déplore qu'une telle rencontre devienne une relation dans laquelle l'autre cesse de m'échapper et « entre dans ma perspective ». Mais si la rencontre ne se transforme pas en relation, on voit mal en quoi elle pourrait se poursuivre. Il est impossible de rester dans la durée aussi désemparé et débordé par l'autre qu'au premier jour. Cela ne signifie pas que la différence de l'autre ne continue pas à me fasciner. Elle me fascine même d'autant plus que je le connais de mieux en mieux, mais sans que cela réduise sa part de mystère. D'ailleurs, si je ne comprenais rien de l'autre, je finirais probablement par m'en détourner. Le fait que je me nourrisse de l'autre, que j'entretienne avec lui une relation, ne m'empêche en rien de continuer à m'étonner de son altérité, à faire patiemment « le tour de sa différence » pour reprendre les mots d'Alain Badiou.

Parce que je te rencontre, affirme François Jullien, je ne sais plus qui je suis.

Parce que je te rencontre, affirme Hegel, je vais pouvoir devenir moi-même et savoir qui je suis.

Leurs positions ne sont pas nécessairement incompatibles. Il y a simplement un temps pour tout.

Un temps pour le choc initial, un temps pour l'assimiler. Un temps pour être désemparé, un temps pour agir et s'aventurer dans sa propre existence. Un temps pour s'oublier, un temps pour revenir à soi.

Nous retrouvons d'ailleurs cette temporalité dans les différents signes de la rencontre que nous avons analysés. Le trouble indique ce premier temps de la rencontre, ce choc au cœur duquel je me perds moi-même. L'expérience de l'altérité, le fait que j'ai changé montrent que la rencontre s'est transformée en une relation. Elle ne « s'installe » pas en relation comme l'écrit François Jullien avec une connotation négative : elle se continue, se métamorphose en relation. Si cet éblouissement débouche finalement sur une relation qui me métamorphose, n'est-ce pas là un événement tout aussi beau et exceptionnel que le choc premier ?

Nous pourrions d'ailleurs prendre François Jullien au piège de son propre argument : si je n'ai pas changé, si je n'ai pas assimilé la différence de l'autre, n'est-ce pas justement que je n'ai pas été suffisamment troublé par sa différence – que je ne l'ai pas *rencontré* ?

Bien sûr, l'autre *m'intéresse*, au sens le plus noble ; il m'intéresse même deux fois. Une première en tant qu'autre, comme le décrit François Jullien, un autre qui m'éblouit et m'échappe. Une seconde en tant qu'occasion de progresser, comme le montre la pensée dialectique de Hegel. Nous avons un intérêt pour l'autre comme nous avons un intérêt pour l'existence et ses possibles : du goût, de l'attrait, de la curiosité.

Tu m'intéresses parce que tu es autre, et parce qu'à ton contact je peux devenir autre : comment faire la part des choses ? La vraie vie est ainsi : il est parfois impossible de démêler, au cœur d'une rencontre, la fascination désintéressée pour l'autre et le sentiment que ma vie va changer grâce à lui.

Conclusion

« Que m'importent les fleurs et les arbres, et le feu et la pierre, si je suis sans amour et sans foyer ! Il faut être deux – ou, du moins, hélas ! il faut avoir été deux – pour comprendre un ciel bleu, pour nommer une aurore ! Les choses infinies comme le ciel, la forêt et la lumière ne trouvent leur nom que dans un cœur aimant », écrit Gaston Bachelard dans sa préface à *Je et Tu* de Martin Buber.

Ces jolis mots résument avec une délicatesse poétique la thèse que nous avons défendue dans ce livre : la découverte de l'autre, et plus encore sa redécouverte permanente dans une rencontre chaque jour *continuée*, est un rendez-vous avec soi en même temps qu'une rencontre du monde. Quand nous tombons amoureux, quand une amitié éclot, nous ne voyons plus les fleurs, les arbres, le feu et la pierre comme avant. Ils nous apparaissent sous un jour différent parce que nous les regardons à travers les yeux de l'autre, parce qu'ils deviennent nôtres. Cet amour, cette amitié nous ont rendus plus présents. Le monde entier se donne à nous dans un éclat nouveau. Nous avons, littéralement, l'impression de renaître.

Nul miracle à l'œuvre ici. On dit parfois d'une rencontre qu'« elle nous comble », qu'en la compagnie de cette personne « nous sommes comblés », comme si l'autre venait emplir un vide en nous, ce manque dont nous parlent les philosophes pour définir notre humanité : l'inachèvement pour Aristote, la nécessité d'un Dieu pour Kierkegaard ou Buber, le besoin d'amour pour Freud ou Lacan, le désir de reconnaissance pour Hegel. Nous sommes faits de ces manques, d'une incomplétude première et du besoin de la résoudre. Nos rencontres, si puissantes, si troublantes soient-elles, n'y parviendront jamais complètement, et c'est tant mieux : nous continuerons à désirer, à aimer, à vivre la « vraie vie ».

Cette « vraie vie », pleinement vécue, qui nous est désormais un peu plus familière, que nous connaissons mieux, nous saisissons tout ce qu'elle doit à la force de nos rencontres. Elle tient tout entière dans ce mouvement vers l'autre, cette projection dans le monde, cette soif d'élucider le mystère de l'altérité ou de découvrir, à travers autrui, notre propre désir. C'est une vie de surprises, d'éblouissements, de bouleversements : la différence de l'autre nous laisse souvent abasourdis, parfois même désemparés. Mais l'appel de l'aventure est plus fort que nos craintes, il nous faut embrasser l'incertitude, oser, improviser : nul espoir de devenir soi sans sortir de soi et rencontrer les autres.

Chaque fois que nous avons cette impression, en découvrant quelqu'un, de repartir, de revivre, nous sentons la présence, au cœur du réel, de cette force qui pulse et qui est la Vie même.

Seuls, nous ne sommes rien, nous ne valons rien, nous ne devenons rien. Mais il suffit que je te rencontre, et tout commence.

Les œuvres qui ont fait ce livre

PREMIÈRE PARTIE
LES SIGNES DE LA RENCONTRE

Œuvres citées :

Aristote, *Éthique à Nicomaque*
Alain Badiou (avec Nicolas Truong), *Éloge de l'amour*
Karen Blixen, *La Ferme africaine*, *Anecdotes du destin*
Christian Bobin, *Pierre*
Albert Camus, *Carnets*, *L'Été*, *L'Étranger*, *L'Homme révolté*, *La Chute*, *Noces*
Albert Camus et Maria Casarès, *Correspondance*
Emmanuel Carrère, *Le Royaume*, *D'autres vies que la mienne*
René Char, *La Parole en archipel*, « Nous avons »
Émilie du Châtelet, *Discours sur le bonheur*
Christophe, Alain Bashung, « Les Mots bleus »
Albert Cohen, *Belle du Seigneur*
Boris Cyrulnik, *Sauve-toi, la vie t'appelle*
Gilles Deleuze, *Abécédaire*
Clint Eastwood, *Sur la route de Madison*
Paul Éluard, *Donner à voir*
France Gall, « Viens, je t'emmène »

Hegel, *La Phénoménologie de l'esprit*
Iggy Pop, *The Idiot*, *Lust for Life*
Abdellatif Kechiche, *La Vie d'Adèle*
Emmanuel Levinas, *Difficile liberté*
Marivaux, *Le Jeu de l'amour et du hasard*
Platon, *Ménon*
Sydney Pollack, *Out of Africa*
Marcel Proust, *À la recherche du temps perdu*
Keith Richards, *Life*
Jean-Paul Sartre, *La Nausée*
Wladyslaw Szpilman, *Le Pianiste*
Léon Tolstoï, *Anna Karénine*
Voltaire, *Candide*

Autres inspirations : *Ô mon George, ma belle maîtresse*, la correspondance entre George Sand et Alfred de Musset ; le catalogue de l'exposition « Picasso/Éluard une amitié sublime », édité par les musées Picasso de Paris et de Barcelone ; *Seconde considération intempestive*, de Friedrich Nietzsche ; *Disgrâce*, de J. M. Coetzee ; *Thelma et Louise*, de Ridley Scott ; *Le Choc amoureux* et *L'Amitié*, de Francesco Alberoni ; *Correspondance* entre René Char et Albert Camus ; *Rusty James*, de Francis Ford Coppola ; *Éléments de philosophie*, de Alain ; *Alain, le grand voleur*, d'Ollivier Pourriol ; *Un démocrate, Mick Jagger, 1960-1969*, de François Bégaudeau ; *Il n'y a pas d'amour parfait*, de Francis Wolff ; *Et si de l'amour on ne savait rien*, de Fabrice Midal ; *L'Itinéraire de Platon*, de Gilbert Ryle ; *Les Transformations silencieuses*, de François Jullien ; *Méditations métaphysiques*, de René Descartes ; *Critique de la raison pratique*, d'Emmanuel Kant ; *Émilie, Émilie, l'ambition féminine au XVIIIe siècle*, d'Élisabeth Badinter ; *Quand Harry rencontre Sally*, de Rob Reiner…

DEUXIÈME PARTIE
LES CONDITIONS DE LA RENCONTRE

Œuvres citées :

Theodor W. Adorno, *Minima Moralia*
Giorgio Agamben, *L'Amitié*
Louis Aragon, *Aurélien*
Christophe, « Les Mots bleus »
Christopher Chabris et Daniel Simons, *Le Gorille invisible*
Leonard Cohen, « Anthem »
René Descartes, *Discours de la méthode*
Paul Éluard, *Les Yeux fertiles*
Philippe Gabilliet, *Éloge de la chance*
Eva Illouz, *La Fin de l'amour*
Clara Luciani, « Nue »
Fernando Meirelles, *Les Deux Papes*
Lou Reed, *Transformer*
Jean-Paul Sartre, *L'Être et le Néant*
Simone Weil, *La Pesanteur et la Grâce*

Autres inspirations : *Problèmes aristotéliciens, philosophie pratique*, de Pierre Aubenque ; *Lettre à Ménécée*, d'Épicure ; *Bowie*, de Jérôme Soligny ; *David Bowie, a Life*, de Dylan Jones ; *Philosophie de la volonté*, de Paul Ricœur ; *La Faiblesse de la volonté*, de Ruwen Ogien ; *Trois amis en quête de sagesse*, de Matthieu Ricard, Alexandre Jollien et Christophe André ; *Le Désir*, séminaire de Jacques Lacan ; *Une saison chez Lacan*, de Pierre Rey ; « Comment est ta peine », de Benjamin Biolay ; *La Promenade du sceptique*, de Denis Diderot ; *Nadja* et *L'Amour fou*, d'André Breton ; *Comment vivre quand on ne croit en rien ?*, d'Alexandre Lacroix ; *À une passante*, de Charles Baudelaire ; « Les Passantes », de Georges Brassens ; *Critique de la faculté de juger*, d'Emmanuel Kant ; la reprise des « Mots bleus » par Alain Bashung ; la reprise des « Mots bleus » par Papaconstantino ; *Matière et Mémoire*, de Henri Bergson ; *Les Morsures de l'aube*, de Tonino Benacquista…

TROISIÈME PARTIE
LA VRAIE VIE EST RENCONTRE

Œuvres citées :

Aristote, *Les Politiques*
Martin Buber, *Je et Tu*
Élisabeth de Fontenay, *Le Silence des bêtes, la philosophie à l'épreuve de l'animalité*
Sigmund Freud, *Nouvelles conférences d'introduction à la psychanalyse*
Johann Gottlieb Fichte, *Fondements du droit naturel*
François Jullien, *Pourquoi il ne faut plus dire « je t'aime »*
Søren Kierkegaard, *Ou bien... Ou bien...*
Jacques Lacan, *L'Éthique de la psychanalyse*
Jean-Jacques Rousseau, *Discours sur l'origine et les fondements de l'inégalité parmi les hommes*
Jean-Paul Sartre, *L'existentialisme est un humanisme*, *L'Être et le Néant*

Autres inspirations : *Sartre et la psychanalyse*, de Betty Canon ; *Le Scénario Freud*, de Jean-Paul Sartre ; *Devant la beauté de la nature*, d'Alexandre Lacroix ; *Plaidoyer pour les animaux*, de Matthieu Ricard ; *Les Animaux dénaturés*, de Vercors ; *Le Peuple migrateur*, de Jacques Perrin ; *La Lutte initiale*, de Philippe Nassif ; *Être soi, une introduction à Kierkegaard*, de Philippe Chevallier ; *Ordet*, de Carl Theodor Dreyer ; *L'Avenir d'une illusion*, de Sigmund Freud ; *Le Banquet*, de Platon ; *The Encounter*, de Simon McBurney ; *Ainsi parlait Zarathoustra*, de Friedrich Nietzsche ; *Lettre à Chanut* du 6 juin 1647, de René Descartes ; *L'Amie, la mort, le fils*, de Jean-Philippe Domecq ; *L'Homme sans gravité, jouir à tout prix*, de Charles Melman ; *L'Amant de Lady Chatterley*, de D. H. Lawrence…

Index

C

D

E

F

G

H

I

J

K

L

M

N

P

R

S

V

W

Y

Z

Table des matières

Imprimé en Italie par Grafica Veneta S.p.A.
en mai 2023

Pour plus d'information :

#lisez! engagé

www.lisez.com

Imprimé sur du papier issu de forêts gérées durablement.

Pocket – 92 avenue de France, 75013 PARIS

S31829/03